U0100131

大展好書 好書大展

大展好書 好書大展

省略修羅，爲五道輪迴。

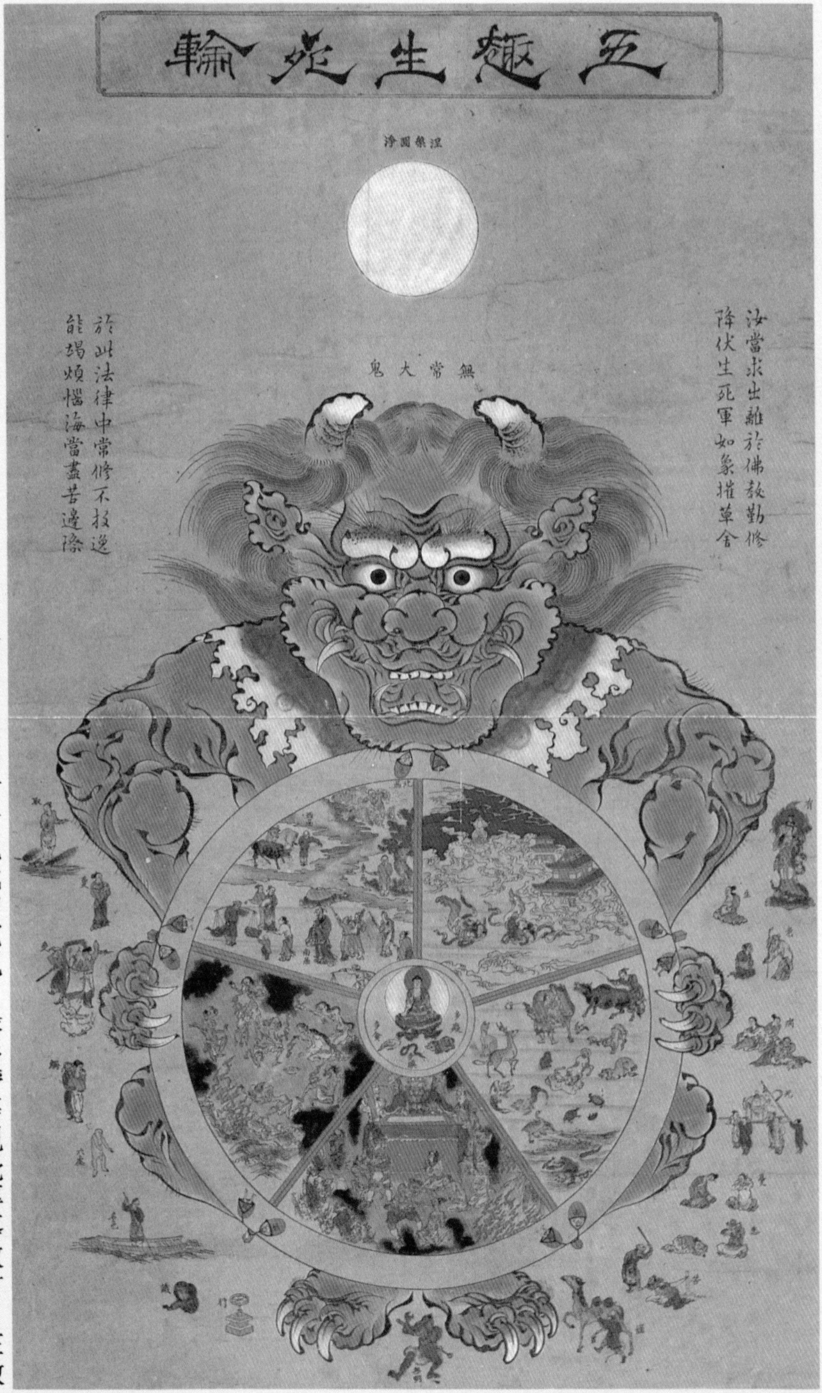

繪圖・五趣生死輪

繪圖，即相當於現代的電視、錄影帶等視覺傳導教材。在微暗的堂中聆聽講述六道輪迴，將佛教教誨當成生活規範。即使是現代人，也必須側耳傾聽佛的教誨、禪的教誨。

無憂樹花下

禪語是由釋尊（釋迦牟尼）傳下來，代代相承的教誨。瞭解禪語，就等於向釋尊學習。

●釋尊誕生　4月8日（花祭）

年輕人說不知道「花祭」，而僧侶則熱情地傳導佛教。秉持熱情進行傳導的，是青年僧。

印度倫比尼園瑪亞夫人堂的釋尊誕生佛。印度人將釋尊視爲印度神之一加以尊崇。

花祭千僧法要

曹洞宗包含在禪宗的流派之中。什麼是禪？什麼是生活？僧侶們忙於探求禪的實踐、理解，而我們也想學習……

於 奈良・東大寺

一九八八年春天，全國曹洞宗青年會舉辦了一次「花祭千僧法要」。一千七百多名青年僧侶齊聚一堂，祈求世界和平與佛教興隆。

是日，晴空萬里，眾人在奈良市內遊行。坐在象背上的誕生佛，是本屆活動的主角。

祈求佛教興隆的青年僧侶們的能量，已經超越了宗派的門坎。在曹洞宗青年會的呼籲下，來自全國各地的青年僧集結於此。

釋尊打敗了許多誘惑，藉著坐禪而領悟（成道）。坐禪的意義深不可測。

菩提樹下

● 釋尊的領悟　12月8日（成道會）

捨棄以往的苦行，釋尊在菩提樹下進入禪定。到了第八天早上，在黎明的明星閃耀光輝的那一瞬間，釋迦由人類成為佛陀。

成道地，亦即釋尊坐禪處……人稱金剛法座，對佛教徒而言是非常神聖的場所。

釋尊的領悟，是採重視過程更甚於結果的「中道」。仰望大塔，令人不禁興起時光悠悠之嘆。

沙羅雙樹下

●釋尊的最後　2月15日（涅槃會）

釋尊涅槃以後，禪的教誨傳統並未消失，仍然由許多弟子繼續傳承。

在印度鄉下一個名叫克西納佳拉的地方，釋尊嚥下了他最後的一口氣。時年八十歲。釋尊之死稱為涅槃，表示一切煩惱均告消失的狀態。釋尊直到涅槃之前，仍然持續不斷地說法。

圖為清晨煙霧繚繞的克西納佳拉的涅槃堂。在堂內唸完釋尊最後的教示「涅槃經」後，天色已亮。

禪宗寺院的「涅槃會」中所揭示的掛軸。隨著時代的演變，描繪出各式各樣的動物。

你有坐禪的經驗嗎？

坐禪的好處，很難用言語來形容。

我很鼓勵各位實際體驗一番，不過有關坐禪方法和坐禪中的準備等，一定要接受正確的指導才行。所以，請各位務必要接受正確的指導。

進行坐禪指導的場所，就在附近曹洞宗的寺院裡。當然，因寺院而異，有的也會定期舉行坐禪會。

曹洞宗青年會希望每一個人都能學習坐禪，因此經常在全國各地舉辦坐禪會。

參加者的感想是，除了坐禪以外，用餐的方式也令他們非常感動。青年會員用心地準備餐點。而吃東西的作法，也以禪的修行道場為準。

没有坐禪堂時在寺院的本堂坐禪。

在坐禪堂內面壁約四十分鐘。

在坐禪會上大家愉快地用餐。

自僧侶手中接過餐點時，深受感動。

心靈雅集

50

四字禪語

曹洞宗青年會／著

彤 雲／編譯

大展出版社有限公司

DAH-JAAN PUBLISHING CO., LTD.

作者：

全國曹洞宗青年會

這是一個集結日本曹洞宗青年僧（四十歲之前），隸屬於曹洞宗宗務廳的團體，目前共有會員三千六百多人。

住址：〒105　東京都港區芝2－5－2

『漢字為拿手範圍』——前言

身爲僧侶，當然有很多機會拜讀經典。每當看到深得吾心的字眼時，就會不禁泛起微笑，對先德的叡智不得不俯首稱臣。從這當中我注意到，不管在任何時代，人類都會努力尋求解決煩惱的方法。雖然經過時代演變。但是人類幾乎沒有任何變化，仍然是與先人同樣的人類。而即使近年來平均壽命不斷延伸，人類還是不可能一出生就具有成年人的思考。

人的一生都是從零開始，因此只要想想先人也曾嚐過現在自己所承受的辛苦，就曾產生勇氣，努力地想要找出解決方法了。

佛教是從觀察人類生存在這個世界中所遭遇的問題，進而指示求生之道的宗教。這是一種慈悲的宗教。佛教的教誨，包括教導人們彼此互愛、體貼所有的人與物。能夠認識此一教誨，我非常感激，同時也希望效法先人度過苦境的僧侶們，能夠讓更多人知道這些教誨。問題是，現在的傳教，仍然有很多難解的文章存在。

近年來，四字成語蔚爲風潮。成語漢字是傳教的拿手範圍，說經典全部都是成語絕不爲過。既已蔚爲風潮，自然也是讓各位瞭解傳教的大好機會。一旦錯失了這一個機會，就等於失去成爲僧侶的資格了。事實上，日常生活中所使用的話語裡，也有不少佛教語。

本書的目的，就是希望各位看成語時，也能注意到佛教的教義，從中享受不同的解說之樂。

全國曹洞宗青年會會長

神野　哲州

目錄

第三章　正語

四諦八正道

釋尊所領悟的真理，稱爲「四諦八正道」。

所謂四諦是：

♠苦諦……關於苦的真理。

正如俗諺「四苦八苦」所云，人生是苦的。

♠集諦……關於苦的原因的真理。

人生會苦，當然是有原因的。這個原因就成爲在人類內心燃起旺盛欲望的火焰。

♠滅諦……關於苦的原因的真理。

只要能夠消滅欲望，苦自然也就隨之消失。

♠道諦……關於滅苦的方法的真理。

如何才能消滅欲望的火焰呢？

首先必須培養正確的智慧，採取正確的生存之道。這樣一來欲望自然就會消失。

關於「道諦」的具體實踐方法，釋尊指示了八種道，也就是所謂的「八正道」。

⊙寫在閱讀本書之前

禪語是禪的教誨，是說心的話語，因此當然會有很多釋迦牟尼領悟的字眼。本書所解釋的1000句禪語，都來自釋迦的教誨，按照前述「四諦八正道」的形式，分為正見、正思惟、正語、正業、正命、正精進、正念、正定八章，希望有助於加深各位對禪語的理解。

生

正見

第1章

所謂正見，
即對事物的正確看法。
要培養正見，必須花很長時間，
從平常養成正確的生活態度才
行。

老

❶ 眼橫鼻直

道元禪師在遇到自己的師父以前，非常辛苦。那是因爲，他對任何事都以嚴肅的態度去面對的緣故。換作是我們，或許會想這樣就可以了，抱持半途而廢的妥協心態，然而道元禪師爲了遇見自己的師父，不惜遠赴中國。

來到中國以後，道元禪師並未立刻遇到師父。他走遍了各處道場，就在幾乎要放棄的時候，遇見了如淨禪師。

如果不是遇見如淨禪師，也許他根本不會想到要到佛教的發祥地印度去。

所以，能夠遇見如淨禪師這樣的師父，可想而知他的內心一定非常喜悅。

道元禪師就在如淨的身邊，傾注全身全靈進入修行，最後得到領悟。

在中國的修行結束後，道元禪師返回本國。回國後的第一聲，就是「眼橫鼻直」。

正如字面意義所示，眼睛是橫擺的，鼻子是直豎的。乍看之下這似乎是理所當然的事，但也正因爲它理所當然，所以更值得深入探究。

很多人都認爲佛教和禪是非常特別的東西，但事實並非如此。最重要的是要站穩腳跟，在日常生活中認真修行，這樣才能開闢成佛之道。

換個方式來說，舉凡吃飯、洗澡、打掃等，都是禪的修行。

如果每個人都能以認真的態度面對日常生活，那麼寄宿在其身上的佛種，就會萌芽、開花結果。反之，不播種的人，當然不可能會有收穫。

❷ 奚仲造車

中國古代的奚仲，是一位造車名人，這裡所說的車，並不是現在的汽車，而是大八車。

在古裝戲裡面，偶爾還可以看到這種車子。

當車子去掉車輪、車軸以後，究竟能看到些什麼呢？這是一個禪問答的問題。

從片面的角度來看，車子去掉車軸以後，人們會認爲那是別的東西。

但是，就算去掉了車輪和車軸，車子仍然是車子。

比方說，從自己身上切除手腳以後，難道你就不再是自己了嗎？雖然外觀上有所改變，但你還是你自己，不可能成爲其他物體或他人。

同理，不管是生病或健康的時候，自己還是自己。不同的是，因病住院時，就把它當作人生休息的時候，乖乖地躺著療養。不幸一輩子病魔纏身的人，就只好休息一輩子了。

總之，不管處於何種環境、何種形態下，都不能欺騙自己，一定要正視真實的自我。

在我們周圍，有很多拘泥於頭銜、愛慕虛榮的人。對這些人來說，一旦喪失了頭銜或虛

榮，就等於世界末日一般。

儘管我們一再呼籲社會改正偏重學歷的風氣，然而情況不僅沒有改善，反而還變本加厲，變得更爲嚴重。每個孩子都是從幼兒時期就被推上起跑臺，準備進行一次漫長的賽跑。

必須有人挺身而出，大聲告訴整個社會這種現象是不對的才行。可惜的是，很多人都認爲這是青年僧侶應負的責任。畢竟，社會這道牆還是太厚了。

有些人則將佛教和禪的教誨視爲人生的即效藥，急切地想要向這些教誨尋求救助。這種想法基本上是不對的。

一定要瞭解「奚仲造車」的道理，確確實實看清楚自己。

❸ 一蓮托生

佛教所說的「一蓮托生」，是指希望在極樂淨土出生於同樣的蓮花上。蓮，不用說就是象徵佛教的花朵。藉著蓮能出污泥而不染的特性，比喻在充滿苦惱的生活當中，人只要堅持「出污泥而不染」的精神，就能得到領悟。

釋尊自出家以來，歷經了六年的苦行生活，後來在菩提樹下坐禪，一週即獲得領悟一事，想必各位都已耳熟能詳。然而在得到領悟以後，釋尊並未放棄坐禪。結果就這樣進入涅槃世界。所謂涅槃世界，是指人類心中燃燒的煩惱之火消失的狀態。亦即一般所謂「死」的狀態。

知道這件事的梵天請求釋尊：「請爲我說法（真理）。」

可是釋尊的回答卻是：「梵天啊！我所領悟的法（真理）極其深遠難解，世人根本不可能瞭解。」

如果梵天就此放棄，也就不會有今日的佛教了。我們必須期待梵天說服釋尊。

「但是，就好像出污泥而不染的蓮花一樣，希望接受釋尊的教誨，使花朵盛開的人，仍然存在於這個世界。」

梵天鍥而不捨地說服，終於以這個例子感動了釋尊。

希望能再次生到這個蓮花之上，而且你和我不是在不同的花上，而是在同一朵花上。那麼，應該採取何種生活方式，才能產生這種人際關係呢？當然不可能立刻就找到答案。

可以確定的是，這不會像速食麵一樣，立刻就能完成。

❹ 灰身滅智

起源於印度的佛教，經由二種不同的路線不斷地傳播開來。

一種就是越過喜馬拉雅山傳到了中國，後來又經由朝鮮半島傳到日本的北傳佛教，亦稱大乘佛教。

另外一種則是從印度傳到斯里藍卡、緬甸、泰國等地，稱爲南傳佛教或小乘佛教。

說到北傳、南傳佛教，相信大家就能理解了。但是，說到小乘、大乘佛教，也許很多人無法立刻瞭解。

所謂「大乘」，指的就是大的乘坐工

具，意思是希望一次能夠讓很多人乘坐一起到達佛的世界。至於「小乘」，則表示能夠乘坐的空間較小，因此不適合用來解救衆人。只是，這種說法只適用於弘揚大乘佛教。當然，南傳佛教不會說自己是「小乘」。

「灰身滅智」是南傳佛教的特色。身成灰，心已滅，對我們來說不就是「灰」的狀態嗎？

如果用「花壇」來說明「灰身滅智」，那麼就是屬於照顧得非常好的「花壇」。除了所種植的花朵完全一模一樣以外，「花壇」中當然也不會有任何雜草。

大乘佛教的人認爲，這種「花壇」只會讓人覺得難過。既是種花，自然應該包括各種色彩才會美麗。不，應該說，具有不同色彩的人生才會有趣。在這種觀念之下，即使是「花壇」裡的雜草，看起來也非常美麗。

「灰身滅智」是佛教的理想境界，但不知各位讀者是認爲有雜草才會使「花壇」更美麗？或是「花壇」裡不應該有雜草呢？

❺只管打坐 其一

這句話的意思是說：「只要貫徹坐禪的行爲就夠了。」這是曹洞宗教義的旗印。教義本身相當簡單，想必各位都能理解，但問題在於是否真能培養出這種工夫？

佛教並不重視頭腦的理解。如果只是知識性的問題，恐怕只有那些頭腦聰明的人才能得救。而像我們這種不聰明的人，恐怕就相當不利了。所幸佛教並不需要頭腦的理解，因此問題就在於如何培養這種工夫。

許多禪的修行道場，在一開始就會教導人們，運用頭腦的理解對過去的生活做個評價。學校生活如此，考試也是如此。

由於以往的生活基礎和現在不同，因此要瞭解是很困難的。如果你有利用坐禪得到領悟或使心情平靜等想法；最好一概否定，只要坐禪就可以了。

不只是坐禪，擦地板也是如此。只要貫徹擦地板的行爲就可以？這麼做實在令人難以理解。走廊不是先前才打掃過嗎？走廊打掃乾淨會有前來參拜的人稱讚我嗎？會讓人覺得比較

舒服嗎？一切計較都必須予以否定。在身體習慣以前，要持續不斷地向擦地板這個工作挑戰。

當雙手伸進冰冷的水桶裡時，你會發現並不是自己在虐待抹布，而是抹布在虐待你。

學會用被動的方式來思考事物以後，就會發現整個世界豁然開朗。這就是「只管打坐」的世界。也是與「請讓我做……」這句話互通的心靈。

❻眾善奉行 其一

唐朝有個叫道林和尚的禪僧。這個和尚有點奇怪，居然住在寺裡的松樹上。和尚的怪異作風，立刻成為附近居民談論的對象，甚至連著名詩人白樂天也來拜訪他。

看到在高高的樹枝上坐禪的道林和尚時，白樂天不禁驚呼：「啊，危險！」和尚一聽這話，立刻回道：「你才危險呢！」白樂天說：「我站在地面上一點都不危險啊！」和尚看看他：「不能領悟生命的無常，才是真正危險的事情。」

這番答問原本就頗耐人尋味，而白樂天既然已經遇到和尚，當然不忘趁機請益：「佛教根本的心是什麼？」

道林和尚的回答是：「諸惡莫作　眾善奉行。」意思是說：「不做壞事，只做好事，這就是佛教的教誨。」

白樂天對這個答案依然無法瞭解。而他認為在自己還沒有瞭解以前，持續提出問題是最正確的作法。

於是他故意露出失望的表情：「這點連三歲孩童都知道。」白樂天原以爲道林和尚會啞口無言。然而，這次問答卻有個出人意表的結局。

道林和尚當即反駁道：「善惡之別固然連三歲孩童都會，但真要實行起來，恐怕連八十歲老翁都很難做到。」

白樂天頓時爲之語塞。換作是我們，可能也會和白樂天一樣爲之語塞吧？

「知」與「行」之間，的確有很大的差距。頭腦的瞭解只不過是「畫餅充肌」而已，無法填飽肚子。

7 悉有佛性

其一

「一切衆生　悉有佛性
如來常住　無有變易」

一般人對這句話的解釋是：「一切衆生都有佛性，如來常住心中，沒有任何改變。」但是，曹洞宗的開山始祖道元禪師，卻有不同的解釋：「一切衆生所有的，只不過是佛性而已。即使如來常住，也不會有任何改變。」

道元禪師是真接閱讀經文，一般人則是給予一個折返點來閱讀經文。一旦有了折返點再來閱讀經文，便無法瞭解本來的意義，

如此也就無法瞭解道元禪師真正的佛教觀了。

爲了正確瞭解道元禪師的佛教觀，青年僧們曾針對這道問題提出兩、三個疑問。

相對於一般人對這個句子的解釋：「一切眾生內心都有佛性」，道元禪師的解釋則是：「內心存在的只有佛性，除了佛性以外再無其它。」

禪問答中必有一篇是這樣的：「蚯蚓被人用刀切成兩半。請問，在那不斷蠕動的兩半當中，到底那一半具有佛性呢？」如果把蚯蚓的身體和蚯蚓的佛性視爲對立，恐怕就無法找出答案了。

「悉有佛性」也是同樣的道理。把佛性解釋爲自己的身體，或解釋成爲存在自己身體內，兩者的立場是不同的。

俗話說：「日日是好日」。但是，究竟是得到獎賞的日子是「好日」，抑或一天平安無事的日子就是「好日」。

倘若能像道元禪師所說的那樣，將佛性看成是一種自己的存在，相信就能豁然領悟了。

❽ 身心脱落

道元禪師曾跟隨宋朝天童山的如淨禪師修行。如淨禪師對修行要求極爲嚴格。

有一天，道元禪師正在坐禪堂裡坐禪，坐在他隔壁的一名和尚卻開始打起盹來了。如淨禪師脱下自己的鞋子去打那名和尚。

「參禪應該一切都從身心脱落，你怎麼可以打盹呢？」

雖然這番話不是對道元禪師所說的，但是聽到這番話的道元禪師，卻大徹大悟了。

所謂「身心脱落」，簡單地說就是精神（心）和肉體（身）全部滅卻，一心埋首於一件事情當中。以坐禪爲例，就是在坐禪的時候，只埋首於坐禪中，不可以存有利用坐禪鍛鍊心或獲得任何利益的想法。

環顧我們四周，不是很多人都是在勉强工作或勉强學習的嗎?有些工作場所以提高效率爲由，播放B.G.M。不過從佛教的立場來看，這樣做真能提高效率嗎?實在令人懷疑。假若非要有音樂才能工作或學習，那麼一旦沒有了音樂，又該怎麼辦才好呢？

B．G．M與效率的關係，是否讓我們產生很大的錯覺呢？

在「身心脫落」的世界裡，我們所執著的「效率」問題，早已煙消雲散。形成一個無我的狀態，形成一個超越自我的絕對（自己的佛性）世界。

道元禪師曾說：「學習佛道就是學習自己。」我對此深有同感。

❾即心即佛

有人問馬祖道一和尚：「什麼是佛？」馬祖回答：「即心是佛」。而當另一個人提出相同的問題時，他卻用相反的話語回答道：「非心非佛」。

到底那一個答案是正確的呢？

我們從結論先說，兩句話都是正確的。至少，只要坐禪就能瞭解這一點。不過，現在我們所處的，是一個不用理論加以說明，就無法取信於人的時代。

以科學的方式調查「坐禪中的心」，將各種機器帶進坐禪堂中，在和尚身上纏繞許多線圈以收集資料。值得注意的是，一般所謂的心是指心臟，而實驗人員卻將線圈套在頭上。似乎在科學的世界裡，心就是指頭。

配合資料指出「坐禪的心」就是「佛心」，只不過是科學世界解釋罷了。

以播放音樂或點燃薰香等方式來紓解壓力，在現今社會裡極爲流行。可是，只要最重要的造成壓力的原因還在，就無法徹底解決煩惱。

華嚴經中有一節是這麼說的：「心佛及衆生　是三無差別」。意思是說心、佛與人類（衆生）三者之間，並沒有什麼差別。

如果直接把心解釋爲佛，那麼科學世界所捕捉到的資料，指的就是「佛心」。

在無法用機器測定心的古代，馬祖道一和尚對資料主義者說「非心非佛」，而對輕佛者說「即心即佛」。

問題不在語言的解釋或資料，最重要的是要能飛入「佛心」。所以，不要想，只要實行。專心地體驗坐禪吧！

⑩ 如是我聞

佛教經典始於「如是我聞」。根據佛傳，釋尊入滅之後，五百名弟子集結在馬卡達國的王舍城郊外，互相確認各自所聽到的釋尊的教誨。過去，弟子們都個別獲得釋尊教誨的機會，而今他們齊聚一堂，想要改正各自記憶的混亂和矛盾。

所謂「如是我聞」，是指「對於釋尊的教誨，我認爲是這樣的」。以基督教的聖經而言，就是「主說」。

當你問孩子：「爲什麼不能這麼做呢？」他們多半會回答：「老師說不可以」

「媽媽說不可以」，而沒有說出最重要的原因是什麼。每一個孩子對大人的提醒，理解能力未必相同，所以才會有「我對父母或老師的提醒，是以這樣的方式來瞭解的」這種情形產生。

所謂「如是我聞」的精神，就是「我所聽到的是這樣的」，而這種解釋具有何種意義呢？

由於無法斷定「釋尊是這麼教的」，只好將主體委任給個人。爲此，我們必須各自對釋尊的教誨實際進行檢討。在這種情況下，每個人所捕捉到的佛教或許不同。但在經典上，卻確確實實寫著「如是我聞」，故而捕捉方式也會有所差異。

光是祈禱或利益，不能算是真正的佛教。和工作機械生產相同的東西不同，佛教不單只會產生同樣的東西（利益），所以當然會有差距。每個人都應該以自己能夠理解的方式來進行理解，這就是釋尊有意的對機說法。

⑪ 不立文字

杯子裡的砂糖水喝下去，感覺非常美味。如果想要將這種美味告訴別人，應該採用什麼方式呢？

是可以用言語來表達，然而言語本身也有一定的界限。不管你再怎麼努力，也無法充分表現出這種美味。即使改用文字，結果也是相同。過於技巧的說明，反而會讓人覺得是在說謊。

禪的領悟境地亦然。正因爲語言和文字有一定的界限，所以禪明白宣示「不立文字」。意思是用言語無法道盡，所以乾脆不說。

在坐禪會上，會向參加者說明坐禪的方式。例如，盤腿的方法，背骨挺直、手的法界定印等，只要稍作說明，參加者立刻就能瞭解。不過，接下來的箇中滋味，就要靠自己去品嚐了。

像杯中砂糖水中的味道，也會有微妙的差異。口渴的人喝了，感覺有如甘露一般。反

之，剛剛吃過甜食的人，喝起來卻不覺得美味。

在坐禪會上體驗坐禪，感想往往因人而異。而出現不同的感想，並不是一件壞事。因爲，一定並不屬於禪的世界。正因爲感想不同，才會有偉大的禪語錄存在。在「不立文字」的旗印下，值得學習的文字還是很多。

對習慣說明主義的我們來說，一旦被放進坐禪世界中，可能會引起混亂。因爲，一定的說明根本不適用於坐禪。

就算說明坐禪期間心靈的動態，對別人也不會有任何幫助。

正如同砂糖水的味道，只有進行坐禪的我所感受到的，才是絕對的味道。

12 柳綠花紅

一如文字所示，柳樹看起來是綠色的，花是紅色的，這是理所當然的事情。對理所當然的事以其原態加以捕捉，即為禪的世界。問題在於，有時候我們並不能維持原狀來捕捉。

對失去孩子的父母而言，要承認這種「維持原狀的人生」，是很悲慘的事情。這種白髮人送黑髮人的辛酸，只有曾經失去子女的父母才能夠體會。

失去孩子的父母抱著屍體，拼命地向釋尊請求，希望能救回孩子一命。不論是在釋尊在世前的當時或現在，我相信父母的心情都是一樣的。

釋尊告訴他：「能夠救回孩子的藥，只有白罌粟。你到城鎮裡去找吧！不過，你必須到家中從來沒有死過人的人家去求取。」

父母一聽只要找到白罌粟就能救回孩子，於是很高興地跑到鎮上，挨家挨户的問，卻怎麼也找不到符合釋尊條件的人家。

疲憊不堪的父母又回到釋尊座前。釋尊訓誡他們：「每一個活著的人都會死去，誰也不能違反這個道理。」

這對父母終於察覺到自己的愚昧，為了供養孩子，乃決定皈依佛門。

在捕捉現實世界的過程中，經常會遭遇許多很辛苦或很痛苦的情形。既然無法逃脫痛苦或辛苦，只好勇敢地面對這些問題。

大自然也在拚命地表現各種自然原態，這就是「柳綠花紅」。當遭遇辛酸或悲傷的事情時，只要對大自然強大的力量感到感動就夠了。

病

正思惟

第2章

所謂正思惟，
即正確地思索。
不是採取自我本位的想法，而是
對事物具有正確的判斷力。

⑬ 不可思議

所謂「不可思議」，就是很神奇，壓根兒就没想到的意思。與「奇蹟」非常類似，但是稍有不同。

佛教否定奇蹟的存在，卻認爲有不可思議存在。兩者的結果看起來雷同，實際上卻全然不同。

遇到個性不合的上司，大家會怎麼去做呢？

下班以後，你會不會和同事一起去吃喝玩樂呢？或者你會編些理由告訴大家：「我不跟你們去了。」只因爲你認爲兩、三年後

就會調升其他部門，所以不斷地忍耐著。

但不管你再怎麼努力，現狀始終未見好轉。況且，就算二、三年後果真如願調升其它部門，還是可能會遇到與你不合的上司啊！

因此，我們對於眼前的問題，一定要積極地尋求解決之道才行。

兩隻碗在一起，總有一隻會破。反之，碗如果是和棉花碰在一起，就不會破了。同理，自己必須徹底改變內心「討厭上司」的想法。亦即將其變換爲即使發生碰撞，也不會破壞的材質。

或許你會想：「那麼我就設法改變上司吧！」但是想要改變他人的性格，幾乎是不可能的。問題還是在於心中。而人最能看清楚的，就是自己的內心深處。從最清楚的部分著手，才是迅速解決問題之道。

大部分的人都會向外尋求解決之道。結果反而使問題愈理愈亂。

首先，請仔細想想雙方不合的原因。並且設法找出對方的優點，努力試著去瞭解對方。自己主動敞開心扉，也是一個方法。

這種努力看在同事眼中，就成了「不可思議」。

⑭ 盤山精肉

這是發生在古代中國的事。

一位名叫盤山的和尚，來到城鎮的市場裡。在肉攤前，看到店家正和客人熱烈地交談著。

客人說：「老闆，你賣的肉真好吃啊！」這時攤主說道：「我賣的全是好肉。再說，我怎麼可能賣不好的肉呢？」

盤山聽到這番話後，立刻領悟到所謂的「好」「不好」，全是由人心製造出來的。

幼稚園老師帶著學生走到公園裡玩，看到粘在蜘蛛網上的蝴蝶，於是說到：「哎呀！這隻蝴蝶真可憐！」然後一把扯斷蜘蛛絲，讓蝴蝶飛走。所有的孩子全都看著老師拍手叫好，只有一個孩子認爲蜘蛛真可憐。對老師來說，這個孩子實在太不可愛了。

一般人都有個根深蒂固的觀念，認爲蝴蝶是益蟲、蜘蛛是害蟲。事實上，「好、壞」這種觀念是人類自己創造出來的。被視爲害蟲的蜘蛛，也會拼命地生存著。況且，蜘蛛也會將

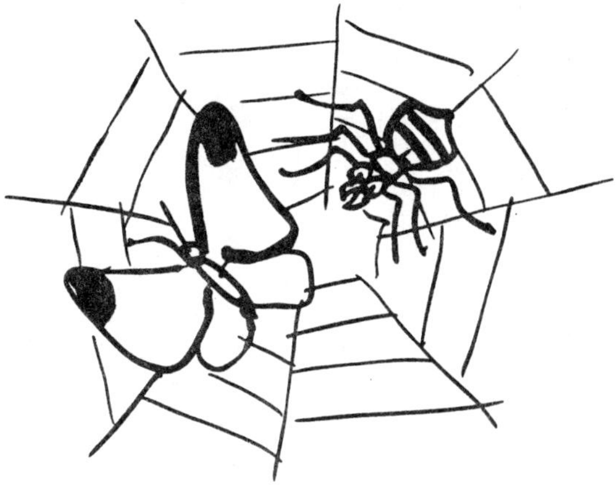

其它害蟲粘在蜘蛛網上，對人類不也有所幫助嗎?所以，一看到蜘蛛就爲牠貼上「害蟲」的標籤，實在是非常無聊的做法。

而主張「蜘蛛真可憐」的孩子，則因此被老師貼上「愛找麻煩」的標籤。

我們經常會有强迫推銷自己的價值觀的傾向。其實，每個人都不應執著於某種固定觀念，而應該抱持柔軟的想法。人生問題的正確答案，應該是無數的。此外，還必須考慮各人的生活方式。

⑮隻手音聲

一般人認爲，禪問答就是不明所以的問答。以趣味問答爲例，問答之間必須緊密地結合、環環相扣，才能夠引人發笑。而我們的問答，通常也是互相緊密結合的。只有禪問答，有時會脫離這種緊密結合度。

在修行道場，進行小和尚向老師詢問禪境界的修行。大批雲遊生聚集在本堂內，開始向老師提問。這時，一位前輩告訴新來的小和尚要大聲發問。於是在衆人的注視下，小和尚大聲地向老師提出詢問。結果老師對他說：「你的聲音太大了，我根本聽不清楚你的問題。再說一次吧！」這位新來的小和尚只說了一句：「謝謝你的回答。」就退下了。乍聽之下，小和尚根本就是答非所問。因爲這個緣故，後來他便成了前輩們取笑的對象。

就在這時，老師問大家一個問題：「兩個巴掌拍得響，一個巴掌有什麼聲音呢？」這就是著名的白隱和尚所提的問題。

兩手互拍當然會有聲音；那麼，只有一隻手又會發出什麼聲音呢？

如果兩手互拍會發出「砰」的聲音，那麼一隻手的聲音是「波」，或者是根本沒有聲音呢？一旦你這麼想時，就已經喪失了回答的資格。因爲，禪問答若是侷限於一般常識或固定觀念，便無法找出正確的答案。

那麼，我們的固定觀念又是什麼呢？有人認爲物質（金錢）不虞匱乏就是幸福，但這真的就是我們的生活模式嗎？首先必須瞭解的是，幸或不幸純粹在心靈感受。一旦瞭解這點，自然就能聽見一隻手的聲音了……。

各位，你認爲一隻手的聲音是什麼聲音呢？

⑯ 隨處作主

自處
自燈明

有些上班族動不動就換工作。通常公司的規模愈大，移動範圍也愈大。有的人甚至認爲，不常常換工作就無法出人頭地。時至今日，換工作的範圍已不僅限於國內，而逐漸形成跨國的傾向了。

有一次參加同學會，有人宣布他馬上就要調到國外了。據我所知，此人剛買了房子，想不到如今要遠赴國外。除了新買的房子不住卻仍需按期繳納貸款以外，爲怕影響孩子考試的成績，他只好自己一個人走馬上任。上司爲什麼會派他去呢？不在的這段日

子，國內會演變成什麼樣子呢？他自己也不得而知。對於同學這種依依不捨的心情，我完全能夠瞭解。

禪語有云：「隨處作主、立處皆真」。在任何場所、任何時候都能清楚意識到自己時，那麼在這個場所、這個時候，就是佛教的真理。

人生的道理，並非全是平坦的康莊大道。前輩們早就說過，人生有山有谷，有苦有甘。也許會遇到許多悲歡離合，也許會迭遭挫折，但不論如何，都必須靠自己逐一克服這些障礙。

在脆弱地想要吐露心聲的同時。別忘了要去瞭解自己的人生。畢竟，正如釋尊所言：「自處自燈明」，最後能夠支撐你的，還是只有你自己而已。

支撐人生的「支柱」，就是「隨處作主」的心意。在人生的分歧點上進退維谷，或是好不容易選定了一條道路，卻在走到一半時發現另一條路可能比較輕鬆時，內心的痛苦可想而知。但這一切都是自己想像出來的。人就是這樣，一旦不能確定自己所選的道路是最好的，心中的陰霾永遠無法一掃而空。

⑰少欲知足

記錄釋尊說法的《遺教經》，有稱爲「八大人覺」的教誨。所謂八大人覺，就是佛教徒應該自覺的八個項目。其內容如下：

①少欲——不執著於事物，不求多。
②知足——瞭解自我，滿足現狀。
③樂寂靜——住在不會煩心的場所。
④勤精進——致力於修行佛道不得怠惰。
⑤不亡念——不忘佛法之志。
⑥修禪定——一旦身心投入佛道，心靈就不會紊亂。
⑦修智慧——培養觀察事物的眼光。
⑧不戲論——擁有正確的思想。

年輕人對於成功的故事或成爲大富翁，總是格外嚮往。問題是，現代社會裡的成功故事，重點似乎僅在於如何獲致財富而已，完全忽略了精神是否豐裕的問題。

年輕人說：「等我有錢以後，心境自然也變得優雅啦！」

釋尊則說：「光是有錢，並不能使人得到幸福。幸福的關鍵，在於是否瞭解少欲知足的道理。」

瞭解「少欲知足」道理的人，心靈平和。反之，「多欲不知足」的人，就算住在豪宅裡，也不會就此滿足。而且，一旦與他人競爭，可能有連到手的東西都一併失去之虞。

因此，別人的成功故事是屬於別人的，你應該努力去開創自己的故事。

⑱大活現成

趙州禪師詢問投子和尚：

「死人活過來是在什麼時候？」

和尚回答：

「不要在夜裡到處走動。如果有事要做，最好趁天色還亮之前完成。」

在這段問答當中，「死人活過來」的意思是什麼呢？

禪認爲所謂的「死」，就是斷絕一切妄執或思慮分別，亦即捨棄一切既成知識的狀態。沒有迷惘、沒有分別時，人類就會自覺到自己的心性，進而打開領悟之門。換言之，領悟就是「重生」。

趙州禪師所問問題的本意，就是「什麼時候能夠得到領悟？」而投子和尚的回答又是什麼意思呢？「夜裏走動」表示迷惘，「趁天色還亮」表示領悟。也就是說，當迷惘滅卻時，就能得到領悟。

用禪語來表示的話，就是「大死一番大活現成」。

如果捨棄已成知識的狀態爲「死」，則再次復活即所謂的「大活」。從死亡邊緣走一遭再重新活過來以後，單純的知識也會成爲大知識。

據說只有曾經跌落谷底的人，才能重新站起來，成爲堅强的人。「大活」也是一樣，必須先死一次，捨去執著以後才能達到此一境界。

所以，如果要徹底改變自己，首先必須捨棄執著於無聊事物的自己，從身邊事物學習「不執著」。

⑲俱胝竪指

古時候有個叫做俱胝的和尚。在修行時代的他，對禪問答幾乎無法回答，因此感到十分苦惱。後來，他在夢中向菩薩請教，隔了不久又向禪僧請求教誨。

「佛教最重要的是什麼呢？」他可是使盡全身全靈而提出這個認真的問題的。這時，禪僧竪起一根手指作爲回答。就在那一瞬間，俱胝忽然大澈大悟了。

其後，不管別人問什麼問題，俱胝都只會竪起一根手指來。

有一天，有客來訪而俱胝正好不在。客

人問在俱胝那兒修行的小和尚：「和尚教了你些什麼呢？」小和尚立刻模仿師父竪起一根手指。俱胝聽說這件事以後，就砍斷了小和尚的手指。當小和尚痛得淚流滿面，想要逃走時，俱胝叫了一聲「小和尚」，同時對回過頭來看他的小和尚伸出一根手指。在那一瞬間，小和尚也領悟了。

俱胝臨終前所說的話，就是：「這根手指就夠用了。」

原來修行時代的俱胝看到一根手指後，頓時瞭解到自己根本不存在。而出現在眼前的菩薩，這輩子很可能再也看不到，所以他才會拼命地向菩薩提問。

小和尚則模仿師父的作法。但模仿畢竟是模仿，並不是真實的。

也許有人會問，爲什麼要切掉小和尚的手指呢？

其實，小和尚被切掉的，只是模仿的假手指而已。假的東西失去以後，就會留下真的東西。手指被切掉以後，假的手指就不存在了，小和尚這才能豎起真正的手指。

⑳鐵鎖金鎖

某間寺廟的住持於傍晚時分急急忙忙地想要趕回去，沒想到當他來到一家豆腐店門前時，腳下的木屐帶突然斷了。就在他感到不知所措的當兒，豆腐店的老闆趕緊扯下頭上的包巾，幫他把木屐帶綁好。住持仔細檢查過鞋帶以後，就急急忙忙地趕回寺廟去了。

這件事不久就傳開了。

「那個和尚真是太沒禮貌了。人家對他那麼親切，他居然連聲謝都不說。」

住持也聽見了這項傳聞。「什麼？豆腐店老闆只想要我向他道謝嗎？我還打算一輩子都不會忘記這件事呢！」

豆腐店老闆看到別人遭遇困難時挺身相助，也許只是在無心的狀態下表現了親切。然而經過一段時間以後，這種表現親切的行爲，卻一直縈繞在他的腦海中揮之不去。

這個故事告訴我們，對人親切固然很好，卻不可執著於表現親切這件事情上。

人類在各方面都很容易陷於執著。而禪的修行，則是必須向捨棄執著挑戰。甚至連領悟

也是一種執著。

「鐵鎖」是被迷惘捕捉的心，「金鎖」則是被領悟捕捉的心。

我們知道鐵鎖若不好好照顧，就會生鏽，因而認爲金鎖比較有用。事實上，不管是那一種鎖，都是束縛的工具，會妨礙修行。

雖然帶著鎖卻擁有不執著於鎖的心，這一點是非常重要。

換言之，對他人表示親切是好的，卻不應抱持要求回報的心態。從「鐵鎖金鎖」這句話中，我們學習到不執著於事物的心。

21 怨憎會苦

佛教將人類基本的苦分爲八種，稱爲「四苦八苦」。其中之一爲「怨憎會苦」，意思是說，不得不遇到你所憎惡的人，也是一種苦。

大人經常告誡孩子：「和任何人都要好好相處？」但是真的能辦到嗎？大人自己的世界裡，不就分成許多派系，經常勾心鬥角的嗎？只是當孩子們用任性的話語，以發牢騷的方式表現反擊時，大人就會抬出道德規律：「不可以憎恨他人」。因爲說的是一套，做的又是另一套。當然對孩子的說服力就會減弱。

釋尊則明明白白指出：「遇到自己憎恨的對象也是一種苦。」坦白承認凡夫俗子的弱點。事實上，每個人都知道遇到自己憎惡的人，並不是一句「不理他」就可以解決的。問題的關鍵，在於如何解決怨憎會苦？

禪教導我們「不執著」。即使有你討厭的人在，那又何妨呢？一旦執著於自己所討厭的人，心智就會被剝奪。結果就會千方百計地想要讓對方出糗或將其趕走，產生各種不同的心態。

釋尊有言：「不接受第二支箭。」遇到你所憎恨的人是接受「第一支箭」，而接受「第一支箭」是出於無奈的。問題就在於接下來的「第二支箭」。如果持續憎恨，就表示持續接受「第二支箭」。「箭」是會傷人的，當到了第幾支「箭」時，就會造成致命傷了。

不過，我們都知道，瞭解現實問題是一回事，真正要付諸實行卻非常困難。在你自覺已經接受「第二支箭」「第三支箭」的同時，也瞭解了自己的軟弱。

一旦知道了自己的軟弱，就能成爲原諒對方軟弱的人了。

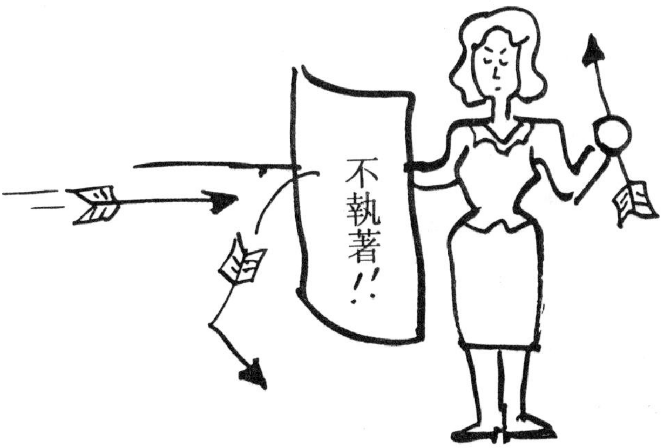

㉒因果報應

「因果報應」的想法，是佛教教義的根幹。

凡事有結果必有原因。想要得到好的結果，就必須努力撒下好的種籽。

從事農耕的人，最能從實際體驗當中瞭解這個道理。

但，現在從事農業的人已經非常少了。所以，很少人能夠真正享受到播種、收穫的樂趣。

就算不是從事農耕，也可以從感覺上正確地體會「有結果必有原因」的道理。只可

惜一旦遭遇苦難或悲傷，就會產生誤解。

對降臨自己身上的災難，如果充分瞭解原因，自然就能保持冷靜。反之，如果怎麼想也想不起原因，那就很難保持冷靜了。

到了最後，往往把一切歸咎於鬼神作祟。「問神的結果，說你是被鬼神作祟，一定要誦經供養。」

對於人生中所遭遇的悲苦，應該要如何處理呢？

冬山在山上遇上了山難，千萬不要茫無頭緒地到處亂闖，而應該挖個雪洞待在裡面等待救援，才是保命的秘訣。因爲，在大風雪中奔走，會導致體力大量消耗，結果可能因而送命。

遭遇悲苦時，到寺院裡聆聽和尚講道，也是很好的方法。不，我認爲一定要去聆聽才對。

23 悉有佛性 其二

有人說：「垃圾是文化的象徵」。文化都市？看著市區內每天堆積如山的垃圾，有人認爲這才是真正享受豐富的生活。然而對住在鄉下的人而言，這種景象實在令人觸目驚心。許多鄉下孩子來到嚮往已久的大都市過起大學生活以後，才發現所見所聞都和自己所想的不同。都市所提供的，不是繁榮、富裕的生活，而是難以居住的環境。

事實上，垃圾並非文化的象徵，而是造成公害問題的原因。有鑑於此，很多人都提倡資源回收的作法。不過，現在就算採取回收的作法，恐怕也已經來不及了。那是因爲，有些人認爲根本原因在於居住空間狹窄。對於這點，我也頗有同感。

居住空間一旦狹窄，很容易就會出現東西堆積如山的景象。尤其是，人都有追求流行的傾向，什麼東西正在流行，就會不顧一切地買來。而便宜、方便等理由，也是刺激購買欲的一大助力。有了新的東西，當然必須把舊的處理掉。因此，在堆放垃圾的路旁，經常可以看到許多還可以使用的東西。而且很少有人會把這些東西撿回家，因爲他們自己的家裡也已經塞滿了東西。

看到龐大的垃圾山會感到心痛的人，是屬於精神仍然健全的人。如果不會感到心痛，那就表示他的富貴病病情已經相當嚴重了。

佛教認爲，一切生物都具有成佛的性質（一切衆生　悉有佛性）。此外，他們還認爲草木、石頭也能成佛（草木國土　悉皆成佛）。

而今人們卻奉行用舊即丟的信念，有朝一日甚至連「父母」也會被丟棄……。

24 一字三禮

和一些擅長用石頭、木頭製作佛像的高手談話，發現他們的技巧愈純熟，就愈能夠用石頭或木頭做出好的作品。據他們表示，自己只不過是按照石頭、木頭的吩咐動手而已。但是我卻認爲，那是因爲這些行家從不同的角度對作品表示關心的緣故。

和長年抄經的人交談，經常會聽到一些有意義的話，例如「請讓我抄經」。這句話中，充滿了對今天一天能夠很有元氣地度過的感謝之心。初學者在抄經時，若是還存有功名心理，就會覺得自己是被迫抄寫，產生主客易位的感覺。

抄經的人是「一字三禮」，雕刻佛像的人則是「一刀三禮」。也就是說，在抄寫經文的用紙上每寫一字，就要禮拜三次；而在未完成的佛像每劃上一刀，也必須禮拜三次。

光用想像，就可以知道這是非常辛苦的修行。

用長距離賽跑來比喻抄經或雕刻佛像，就好像朝著沒有目標的道路不斷前進一樣。但馬拉松或長距離賽跑，終究會有終點。能夠看到終點的話，就能夠進行速度的調整、分配，然而有志於抄經的人，終其一生都必須專注於這個工作。就好像走在看不見盡頭的道路一樣。當然，在這條路上也沒有所謂的勝者、敗者。

因爲有了這條道路，所以必須按照自己的步調努力前進。在努力前進的過程中，不知怎麼地就會產生一種「能平安無事地度過……請讓我繼續作下去」的感謝之心。

希望你也不斷地努力，擁有這種「……請讓我繼續作下去」的感謝之心吧！

憂

正語

第3章

所謂正語，即正確的言語活動。除了遵守「不說謊」的戒律外，更積極地要求要使用優美的辭藻。

悲

25 萬法一如

在ＯＡ機器不斷進步，變得大衆化的同時，文字處理機也逐漸滲透到日常生活中。

大家都承認機器非常方便，但是等到真正要買來使用時，卻又意見分歧。

一群青年和尚們爲此分爲挑戰群與挑戰前即自動放棄群兩派。經過調查決定購買機器以後，發現用起來極爲複雜，於是有人主張機器反而是一種阻礙。況且，光是知道文字處理的使用方法是沒有用的。必須在日常就練習如何操作，不過卻有很多人忽略了平常的練習。也就是說，要想使ＯＡ機器充分

發揮功效，就必須藉由平常的練習使手指習慣於操作指令。

所胃「萬法一如」，就是告訴我們不要爲表面的不同所惑，如果能從不同觀點來思考，就會發現他人與自己其實是同根生。自己與他人的差別，只是表面上不同而已。

以文字處理爲例，使用文字處理機器時，問題不在於能否很有技巧地操作，或者是否因不熟悉操作技巧而放棄。因爲，寫作文章的是我們自己。

放在眼前的便利機器，往往會讓人產生錯覺，以爲是靠文字處理機寫文章。能不能使用文字處理機這兩種對立的意見，只不過是在狹窄道路兩側的左或右而已。將視野擴展到整個宇宙時，它們就既不是右也不是左了。人們一味地爭論不休，卻忘了探查原點。

許多上班族爲了學會操作文字處理機，甚至連腸胃都搞壞了。的確，如果不知道如何使用這種便利的機器，恐怕反而會被機器搞昏了頭。但是你也別忘了，機器是經由人類的操作才能發揮作用的。

26 潛行密用

潛行密用是「潛行密用如愚如魯」這句話的前半部。意思是指「不是爲了利益或沽名釣譽，哪怕是毫不起眼的工作或些微小事，也要盡力完成」。這是中國洞山良價禪師所說的話。

根據個人的經驗，我們知道誠心誠意去做一件不會引起他人注意的事情，的確十分困難。和尚這番話教的本意是：「在不爲人知處，爲他人的幸福流汗。」然而一般人的通病卻是，愈是流汗，愈想向他人吹噓。像和尚自己，不也是利用說教這個絕佳機會，拚命地向他人吹噓嗎？

爲什麼善行一定要讓別人知道呢？不光是大人，連上幼稚園的孩子也是有這種傾向。「××做了壞事，我當場就糾正他了。」孩子會向大人邀功。「真的？你好棒啊！有獎、有獎。」父母也會投合其心意給予賞獎。

做好事就能獲得好的報酬，在現今社會裡已經成爲一種習慣了。

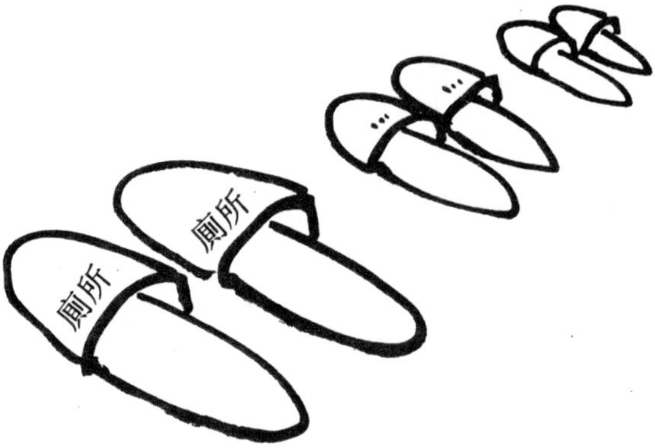

即使長大成人以後，做好事仍能博得衆人的喝采，得到好的名聲。問題是，名聲也有它的缺點存在。它就好像毒癮一樣，會讓人更想要獲得衆人的喝采及名聲。爲了得到名聲，於是拚命去做好事。

我的一位朋友有個非常奇怪的習慣，那就是喜歡把放在廁所前的拖鞋擺好。我是在認識他很久以後，才發現這件事情的。當我詢問他時，他說他打算一生都這麼做。

把公共場所的拖鞋擺好，的確會讓人產生抗拒心理，但是他卻若無其事地表示，先把鞋子擺好方便後來的人使用，自己再把手洗乾淨不就沒事了嗎？

在他人看不見的地方所表現的善行，才是人類真正的價值。

27 趙州狗子

「狗子」指的是犬。

有一次，一個和尚問趙州和尚：「犬有没有佛性？」

趙州和尚只回答了一個字：「無。」

這是出自《無門關》禪語錄的著名問答。到底它的知名度如何呢？大部分的人雖然不解其義，卻會連想到「禪＝無」。

禪的問答愈短，解說就愈長。而這個問答，只是說「犬没有佛性」。

稍微涉獵過佛學的人，可能會提出異議。因爲，釋尊不是說過「一切衆生　悉有佛性」嗎？

而趙州卻回答「無」，爲什麼呢？原來，趙州認爲這個問題本身就不自然。究意有何不自然之處呢？所謂有佛性，應該是生物擁有原本具有的性質，才具有佛性。犬既然是體的存在，當然具有佛性。所以，問題在於有或無。

趙州認爲「體＝佛性」。換句話說，趙州對這個問題的回答應說是具有佛性。

如果趙州生存寵物風行的現代，當他對愛犬人士說：「狗没有佛性」時，恐怕立刻就會成爲衆矢之的。

不過，我相信趙州還是會堅持己見：「狗應該像狗、貓應該像貓。」

「你們把自己的孩子當寵物一般，要他們去上補習班、才藝班……孩子就應該像孩子。」

28 上求菩提

其一

「一個人獨處時還不至於如此，但是在團體當中，卻會變得麻痺。人真是愚蠢哪！連好、壞都分不清楚，只會盲目地加入團體。有些人爲了加入某個團體，甚至還要繳交大筆會費，然而所得的結果卻是使自己變得像個呆子一樣。」

終其一生都没有自己的寺院，號稱「宿無興道」的澤木興道（一八八〇——一九六五年）老師如此說道。

曹洞宗青年會有時會在餐廳裡舉辦活動，當有人意氣風發地大喊：「我們是爲了

社會而努力」時，屬於這個團體的人也會盲目地高聲附和。

整個晚上都在喝酒、吵鬧，第二天早上卻仍然準時出席坐禪、早課的人，我雖不能誇獎他非常偉大，卻承認他「不錯」。的確，在鬧了一晚過後，第二天工作起來必然倍加辛苦。但因爲他還是很努力地完成自己的工作，所以我認爲他不錯。我想說的是，這些人只不過是體力比別人好而已。坦白說，帶著一身酒臭在那兒坐禪的姿態，實在非常難看。甚至，有的人還會忍不住打起盹來呢？

這不正顯現出我們在團體的麻痺狀態嗎？

所謂「上求菩提　下化衆生」，向上尋求領悟，向下普渡衆生，這是菩薩的心願，也是我輩青年和尚必須再一次仔細思考的問題。

澤木老師主張：「我們不能遠離社會，抱持逃避的心理。但也必須防止這種麻痺狀態產生。而坐禪的目的，就是爲了逃避置身團體所引起的麻痺狀態。」

曹洞宗青年會的活動若是忘記了坐禪，就不具有存在的意義。

雖然是跟著團體一起在那兒坐禪，但是坐著的只有自己而已。

29 多聞第一

觀賞電視上的問答節目，對於優勝者在各方面均具備如此豐富的知識，總是由衷地感到佩服。

現代社會要求具有豐富的知識。在學校，學生每天接受考試，爲的是瞭解自己學到了多少知識。而大部分的人都認爲，具有較多知識的就是「好孩子」。

等到開始工作以後，情報取代了知識這個字眼。在競爭對手較多的情況下，就必須得到更多、更新的情報，這是企業在生存競爭中保持不敗的重要因素。

有人認爲「多聞第一」這句話，充分反映出現代世相，但事實真是如此嗎？

釋尊的弟子當中，也有被稱爲「多聞第一」的人物。此人就是阿難尊者。他在釋尊晚年的二十五年間，作爲侍者爲釋尊服務。所謂侍者，主要是幫忙釋尊處理身邊事務的工作。他聆聽釋尊最後的說法，在釋尊臨終時也陪在身旁。因爲這個緣故，阿難聆聽釋尊說法的機會比任何人都多。稱他爲「多聞」的「第一人」，其實並不爲過。

但是，阿難在釋尊入滅時，據説仍未到達真正的領悟。

釋尊的説法聽得太多，有時也是一種悲劇。原來從釋尊那兒聽到的教誨太多，使得他的頭腦裡塞滿了東西，結果反而無法思考。

我們在日常生活當中，遇到頭腦塞滿了東西而發脹時，總會覺得很痛苦。因此，努力追求知識或比他人更早一步獲得情報固然重要，卻必須適可而止。

釋尊弟子阿難的苦惱，值得我們深思。

30 昏昏默默

有句格言說：「沈默是金」，而「昏昏默默」也是深沈的沈默，是表現真理的最佳方法。

「言語由沈默轉爲沈默，噪音則是由噪音轉爲噪音。」只有來自沈默的真正言語，才能深入人心，產生決定性的影響。

然而人在燈紅酒綠的場所，耳酣酒熱之際，經常會脫口說出一些言不及義的話語。例如，光是聽人說起，就到處廣播：「那個××啊！最近賺了幾千萬。」或「這件事是××幹的。」利用當事人不在的時候，將槍口瞄準對方。

有人說，這是消除日常壓力的方法。

辛苦工作了一天以後，藉著言不及義的閒聊來打發寶貴的時間，實在是非常無聊的作法。如果真能消除壓力，倒也無可厚非，問題是這麼做非但不能消除壓力，反而會惹得嫉妒心如毒蛇猛獸般湧來，逐漸腐蝕心靈。

釋尊在世時，每當有人說出言不及義的話，總會提醒他們注意：

「你們聚集在此，必須做到二件事情。那就是正言語與尊沈默。」

即使弟子們是利用修行空檔與人閒聊，也會受到釋尊的警誡。而生活在現代的人們，脫口而出一些無聊的話語，似乎已經成爲一種習慣。

中國某位禪師高人曾言：「要撤下自己的善根（修行）時，聆聽他人的功德毫無意義。」也就是說，聽他人的傳說對自己沒有任何幫助。最重要的是要重視時間，不可因爲一些無聊話語而浪費時間。

31 解空第一

釋尊的弟子須菩提，因為能夠真正理解「空」而被稱為「解空第一」。

空的思想，出現在我們平常誦讀的《般若心經》中。有人說：「般若心經好像鴿子叫似地念經。」因為經常可以聽見「咕嚕、咕嚕、咕嚕」的聲音。

關於「空」的概念，即使已經作過很多說明，仍然很難解釋。每當遇到解釋或說明時，總會令人感到困惑。

下面就為各位介紹在解釋「空」的時候，從前輩那兒聽來的良寬故事。

良寬是日本江户時代曹洞宗的禪師，經常和村裡的孩童玩得忘了夜幕已經低垂。

有一天，一位旅人到良寬殘破的寺院拜訪。良寬非常周到地招待客人，不但爲他準備洗腳水、飯菜，還在翌日一早爲他準備了洗臉水。而這一切工作，全都使用一個鍋子。

或許你認爲良寬是因爲太過清貧，才不得不如此，其實不然。真正的原因是，良寬並不拘泥於「髒」這個觀念，認爲一個鍋子就可以用來洗腳、洗臉、煮菜、作飯。

執著於一個鍋子的「乾淨」或「骯髒」的是我們。想到昨天那個煮出美味飯菜的鍋子，今早竟被用來洗臉，我想就是有山珍海味擺在前面，也没有人吃得下去了。這就是我們的執著。

「空」是超越執著、差別、自由的境地，是到處都廣大的心境。

「空」超越了善惡、長短、有害、無害、乾淨、骯髒等相對的看法。

良寬就是「空」世界的實踐者。

㉜群盲索象

這和「瞎子摸象」的意思相同。關於這則來自印度的故事，想必各位早已耳熟能詳。所謂「群盲」，指的是幾個瞎子。不過對佛教而言，眼睛瞎不瞎並非重點所在，真正的問題在於心靈之眼是否看得見。在現實社會裡，盲眼人有時反而作出比明眼人更精確的判斷，這就是所謂的眼盲心不盲。因此，本章所指的瞎子，是指心眼看不見的人。

一頭象被牽到一間昏暗的屋內。在那兒，有一群瞎子奉國王之命要查出這是什麼東西。摸到象腳的瞎子，說那是一根粗大的樹幹。摸到大象尾巴的，說那是一根細長的鞭子。摸到大象腹部的，說那是一面牆壁。摸到大象耳朵的，則說那是一把扇子。因爲只看到一部分的緣故，所以無法掌握事物的整體。對於這則故事，各位有什麼看法呢？

由於每個人都曾親自用手去摸，因而在討論過程中，都非常堅持自己的看法。再想想自己，我們不也經常在議論中堅持己見，以致傷害了別人或受到傷害嗎？

情報過多，不見得就能做出正確的判斷。以瞎子摸象爲例，每個人都有自己的意見，卻無法把握住整體，只是部分的正確解答而已。

我們應該要有側耳傾聽他人意見的寬闊胸襟，這就是所謂的開心眼。

㉝久遠實成

「久遠」是指非常遙遠的過去。所謂「久遠實成」，是要大家明白，即使是釋尊，也無法在一代就領悟成爲佛陀，必須經過多次轉生、累積遙遠過去的修行，才能成爲佛陀。

到印度參拜佛跡，可以看到很多氣派的佛塔。規模宏大、保存良好的佛塔，都設有欄盾這種石製扶手。在扶手旁邊，曾發生了許多佛傳及修行故事。

進行利他行修行的釋尊，前身曾是國王、商賈等各行各業的人，也曾經是猴子、兔子、鱷魚等動物。

所謂利他行，就是犧牲自己、解救他人的行爲。

欄盾上的浮雕，敘述了很多不可思議的事跡。

其中之一是描述一群正在吃著芒果的猴子，看到了前來狩獵的國王等一行人，於是急忙逃走，可是前面卻有一條大河擋住了牠們的去路。這時，猴王伸長身體抓住對岸的樹枝，以自己的身體當橋讓同伴們通過。國王見狀十分感動，乃下令部屬張開大網，救起已經筋疲力盡即將掉進河裡的猴王。

這一段故事就畫在一個圓中，製作浮雕者所展現出來的感性，令我極為震驚。

佛教之所以在印度如此興盛，可能就是因爲透過浮雕對參拜者說了有關久遠實成的故事吧？

34 快馬一鞭

現今電視上的新聞報導可謂花樣繁多。光是看每天的報導，對記者能夠收集到這麼多事件、事故的資料，就感到讚嘆不已。除了國內的重大事件會立即實況轉播以外，對於發生在世界各地的重要大事，也會透過各種管道報導給國內民衆知道。光是這點，就足以印證「天涯若比鄰」這句話所言不差。

世界各地的金融情報，也成爲新聞報導的主題，人們茶餘飯後談論的焦點。不過，這種瞬間就能掌握最新金融情報的現象，對人類究竟有何幫助呢？我感到十分懷疑。因

爲，真正需要早點獲得情報的人，恐怕早已透過自己獨特的情報網而得到情報了。

我們所聽到的情報，只能朝水平方向擴展。如今幾乎已經包圍了整個地球。如果比較來自水平方向的情報和自己往下挖掘的垂直方向情報量，會發現兩者之間存在著很大的差距。

坐禪就是向下挖掘自己的作業。是垂直方向的情報收集。處於容易在水平方向情報的洪流中迷失自己的現代，應該大力推展坐禪才對。

所謂「快人快語、快馬一鞭」，好馬只要給牠一鞭，就會跑得飛快。同理，聰明的人，別人只要稍加提點，立刻就能瞭解真理。

問題在於是具有能夠聆聽他人忠告的耳朵？爲什麼會沒有能聆聽忠告的耳朵呢？原因就在於無法確立自我。

人有喜歡附和他人意見的傾向。

道元禪師有言：「學佛道者，不可說等到日後再修行。」因爲，當你說「日後再修行」這句話時，時間正從你的指縫悄悄流失。

35 喫茶喫飯

其一

和「家常便飯」一樣，指在家中最常看到的景象，就是喝茶、吃飯。這個教誨是告訴我們，佛道修行的本質，存在於日常生活中。

很多人都以爲，佛道修行是指在深山幽谷中的超人修行，事實上完全相反。

和培養喝茶、吃飯這種自然習慣一樣，認識佛教本質是存在於平凡的日常生活中，是需要花點時間的。

透過日常生活瞭解佛教，這句話是什麼意思呢？以吃飯爲例，一般人會說：「吃飯囉！」而老年人會說：「請用飯。」態度不好的人則丟下一句：「吃吧！」所以問題不在於使用言語的方式，而在於這個人的心態。

我這麼說，或許年輕人會頗不以爲然。

在「請用」這句話當中，充滿了感謝及感激衆人的幸福之念。而說「吃吧！」則讓人覺得和動物一樣。既然生而爲人，最好還是抱持感謝之心，說「請用」這句話吧！另外，吃飯

時的衣著也是問題。在酷熱的夏天裡，如果男的穿著汗衫短褲，女的穿著單衣，恰巧餐桌上又有客人同席，那實在太難看了。有些人會想都是一家人有什麼關係，問題是這對較小的孩子，將會造成極大的影響。

在禪宗寺內，可以在廊下看到用來發出聲音通知行事開始的板木，其上寫著「生死事大　無常迅速」八個字。這番話意味著人的生命，可能會在瞬間結束。正因爲如此，所以必須格外注重自己的心態。

36 因緣時節

對於「己所不欲，勿施於人」這句話，各位瞭解到何種程度呢？對他人，你應否抱持憐憫之心呢？

年輕人可能認爲不需要同情他人，但是年長的人卻不會這麼想。爲什麼年輕人會有這種想法呢？我們必須深入探討其原因。

在我們周遭，相信有很多人都認爲，不論是工作或學習都是一種「緣」。年輕人則認爲不論是工作或學習，都是靠自己的努力，而非拜他人之賜。換言之，他們不認爲有「緣」的存在。

可是釋尊卻說：「一切都是因原因（因）與條件（緣）而生、滅。」

就好像網目互相連結起來成爲魚網一樣，一切事物都會互相關連。網目與其他網目結合在一起，可以織成一張網。反過來說，各個網目都有助於成爲一張網。

提到這裡，就會令人想起目前極爲流行的食物鏈、環境鏈」這種「鎖鏈」的關係。這是一種認爲世界所有的生物，都是互相支撐而生存的觀念。

對於「鎖鏈」世界，禪僧只用一支筆以「圓相」來表示，我個人認爲，他們的確具有過人的洞察力。

或許要讓年輕的一代瞭解「因緣時節」，必須等到「時節」成熟吧？而我所擔心的是，成熟的時節是否真會到來？

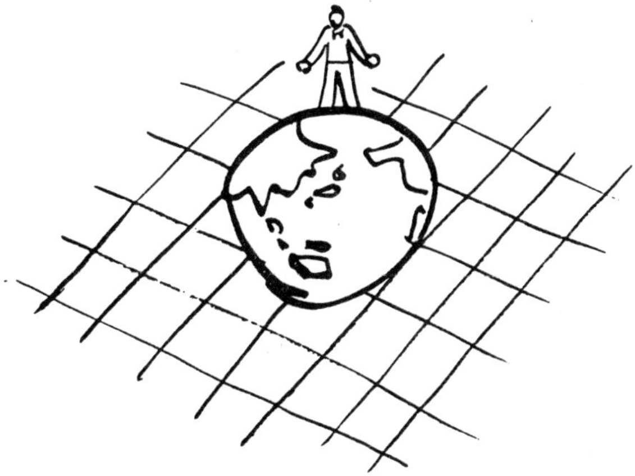

苦

正業

第4章

所謂正業，即指正確的行爲。不作無益的殺生、不偷盜、避免不道德的行爲，才是正確的行爲。

37 清風匝地

指清涼的風吹過，非常涼爽的意思。而在禪的世界裡，它並不單指自然現象風的爽快。

那麼，禪的解釋是什麼呢？在說明之前，我想先來探討一下人類生存的意義。

有人認爲，人類的生存是「結果第一主義」。所謂結果第一主義，就是不管用什麼方法，只要結果是好的就行了。

例如，作生意，乃是生產者與消費者互相結合的活動。生產者最主要的工作，就是生產能讓消費者使用的產品，透過努力生產

的行爲來謀取利益。

部分生意人透過生意賺錢營生的意識極强，於是利用專賣方式，讓消費者在其它地方買不到同樣的東西，自己則獨佔利益。

某些心術不正的推銷員，甚至可以爲了業績而若無其事地欺騙老年人。在教育方面，爲了提高升學率，學校不再信奉德智體群四育並重的原則。說人類生存的意義就是結果第一主義，倒是一點也不爲過。

一旦心智爲結果所矇蔽，就無法領悟佛教的真髓了。

佛教認爲，到達結果之前的過程最爲重要，結果如何並非問題所在。每一天是如何過、應該要如何過，一定要先瞭解自己生存的意義。這麽一來，自然就能瞭解清風（佛教的真理）會巡遍各個地區（匝地），平等地吹入每一個人的心中。

即使考試失利或工作上遭遇挫折，只要你努力去做，就不會後悔。吹來的涼風，一樣會令你覺得心曠神怡。

㊳心無罣礙

這句話出自《般若心經》中的一節。在寺廟佛間的格窗扁額上，經常可以看到禪師留下的墨跡，上面寫著「心無罣礙」或「無罣礙」等字。所謂「心無罣礙」，是指心中毫無芥蒂。

當我們擔心某件事時，愈擔心就愈難解決；遇到悲傷的事情時，悲傷也會奪去心智。那是因爲，在心靈深處產生了牽絆作用，使人將整個心思集中在這件事情上。

般若心經以「罣礙」一詞來表現這種牽絆。「罣」指捉魚用的網，「礙」則是阻礙之意；換言之，是指心中好像張著一張網，又好像被大石阻礙一樣。

或許有人認爲只要不被擔心和悲傷淹没心智就没有問題了，但事實上這是不可能的。這，也許就是人生在這個世上最大的悲哀吧！

當遇到擔心的事情時，任誰也無法將問題自腦海中揮去。結果徹夜無法成眠，嚴重時甚至會導致神經衰弱。更重要的是，當因爲擔心某事而心存芥蒂時，不知不覺地就會形成這種

狀態。

所以，般若心經告訴我們，要捨去心的「芥蒂」。對於悲傷、痛苦的事情，都應該坦然接受。這就是所謂的「心無罣礙」。

每個人都會遭遇悲苦，問題在於受創的心靈要如何處理創傷。

確立宗教心的人，一定會迅速站起來面對問題。至於一般人，則應該學著以「不在意」、「無芥蒂」的心態來面對事物。

39 須彌南畔

「須彌南畔　誰會我禪　虛堂來也不值半錢」。

這段話的大意是：

在這個世上有人能瞭解我的禪嗎？即使中國高僧虛堂前來，也是一錢不值。

這是著名的一休禪師的遺偈。所謂遺偈，就是在自己死去之前所說的話，也就是一般所說的「遺言」。審視吐露一代大師心境的一休禪師的遺偈，的確頗具魄力。字字句句都充滿了自信，如果不是真正的禪者，絕對無法具備此等自信。從這點看來，大師真可謂堂堂正正之死。

關於遺言，現代人又是以何種方式來對待呢？

釋尊也有所謂「遺教」這種遺言流傳下來，其中記載著我等佛教信徒應走的道路。在釋尊死後過了二千五、六百年的現代，「遺教」內容絲毫未受污染，依然能在一片混沌的現代展現萬丈光芒。

一提到遺言，很多人立刻就會聯想到有關財產分配的問題。不過，釋尊所留下的財產並不是「物」，而是「心」，因此很多人都能繼承這份財產。

「二、三天沒見到你，怎麼回事啊？」

「我在故鄉的父親死了。」

這是來幼稚園接孩子的家長之間的對話。各位猜猜接下來他們會說些什麼呢？如果你以爲他們會說些「真令人傷心啊！」之類的話，那你就大錯特錯了。

「令尊留下多少財產啊？」「這下子你可有好日子過了。」「你真幸運啊！」

現代人的精神狀態，到底哪裡不對了呢？

40 南泉斬貓

「南泉斬貓」一詞出自《無門關》這本禪書。

有一次，修行僧們爲了一隻貓在那兒爭論不休。後來南泉和尚把貓捉來，對修行僧們說：

「你們每一個人都可以爲這隻貓求情。只要說得有理，這隻貓就可以獲救。否則的話，我就一刀殺了牠。」

但是卻沒有人出聲，南泉迫不得已只好把貓殺了。

到了傍晚，南泉和尚的高足趙州外出歸

來。聽到白天發生的斬貓事件後，趙州脱去草鞋頂在頭上，朝門外走了出去。

這時南泉和尚喃喃自語道：

「要是他在的話，就不用殺貓了。」

從愛護動物的觀點來看，殺貓的確是非常殘忍的行爲。

修行僧們在南泉的逼問下，全都噤聲不語，因爲他們不知道應該準備什麼樣的答案。更何況貓已命在旦夕，當然不能隨便編個答案。只是他們似乎沒有想到，如果回答不出來，貓一樣會送命。

學校教育教導我們，任何問題都有正確的解答，而我們也一直深信不疑。既然任何問題都有正確的解答，當然人生問題也不例外。但事實上，某些人生問題有時候根本找不到答案。修行僧們頭腦的混亂，就是由於執著於正確解答所致。

人生問題一旦沒有解答，那麼就像把草鞋放在頭頂或把草鞋扔掉一樣，不管怎麼做都是正確的。

趙州在南泉和尚面前，完美地證明了這一點。

禪問答並不是思考、判斷後所展現的行動，而是在累積修行中產生的瞬發力。

41 四無量心

所謂「四無量心」，是指慈、悲、喜、捨這四種無量心。所謂「無量」，是指多得無法測量的量，也就是無限。

慈、悲、喜、捨這四個字，經常會以「慈悲心」「喜捨心」的方式來使用。

①慈無量心——對衆人產生深切的友愛心。

②悲無量心——對衆人的苦產生共感之心。

③喜無量心——對衆人的幸福感到喜悦的心。

④捨無量心——捨去一切執著的心。

對一般人來説，不管是那一種心，要實行起來都非常困難。對於這點，想必各位都與我深有同感。但是，如果因爲認爲不可能實現而自一開始就放棄，那就不具有成爲佛教徒的資格了。不可能實現，才是宗教的目標。如果能夠實現，那就是道德努力的目標了。

在四無量心中，那一個最困難呢？我個人認爲是③「喜無量心」。

對他人的悲傷，我們很容易感到同情；而對他人的幸福，卻很難由衷地感到喜悅。

以和最要好的朋友一起參加考試爲例。好朋友考上了，而你卻名落孫山。這時，你真的能夠因朋友的喜悅而喜悅嗎？不，你一定會大發「牢騷」或滿心「嫉妒」。

「要擁有堅定的信念」「不要在意他人」，儘管你不斷地這麼告訴自己，但是心中的憂鬱卻始終揮之不去。

當兩個人分擔悲傷時，悲傷就會減半；而當兩個人分享喜悅時，喜悅卻會增爲兩倍，一定要實際體驗到這一點才行。而「喜無量心」就是進行這種體驗。

㊷三輪空寂

布施時，必須先保持三種東西（三輪）乾淨。

三輪指的是：

①布施者的心

②接受布施者的心

③布施之物

把偷盜來的金錢施捨給他人，不算是布施。此外，施捨者若是對方存有輕蔑或悲憐、憤怒之心，也不能算是布施。

接受布施的一方，也必須保有清淨之心。接受施捨之後，不可以對對方的恩義存有感激或報答之念。這種表現稱爲「空寂」，意味著没有任何芥蒂。

泰國寺廟都會接受信徒的供養。當信徒在眼前的食器内裝滿山珍海味時，和尚在吃之前，會接受經本、袈裟等施捨物，然後才開始吃將起來。雖然用餐時也有人服務，但是泰國的和尚們卻堅持以自己的方式用餐。一般和尚吃過東西以後，都會向施捨著道謝，然而泰國的和尚卻不這麼做。

接受信徒的供養告一段落後，和尚們會回到等候室去。對此，我一直存有一種挫折感。因爲我認爲，接受信徒照顧的和尚，不是應該向信徒表示感謝嗎？爲什麼這些泰國和尚居然堂而皇之地退場了呢？

其實他們所表現的，正是「三輪空寂」的世界。

而且，供養並不是吃完飯就告結束，他們甚至連使用的食器、坐墊等也一併帶走，似乎這是一種理所當然的做法。

43 如愚如魯

道元禪師曾說：

「在不爲人知的時候偷偷行善。做了壞事以後，不要隱藏罪惡，而要懺悔。這麼一來，做了不爲人知的善事，能夠得到神的感應，做了壞事則可以藉著懺悔使罪惡消失。」

而我們日常的行動，似乎違反了道元禪師所說的話。做了壞事就千方百計地掩飾，做了好事則到處宣揚，想要獲得衆人的肯定。讓血汗結晶默默地結束、靜悄悄地不爲人知，對現代人來說根本就是不可能達到的

境地。

很努力地完成一項工作後，任誰都會想要在同事、朋友面前炫耀一番。要默默行善是很困難的，但是禪道高人們卻能若無其事地辦到。

就拿禪師掃廁所這件事來說吧！在曹洞宗居最高地位的禪師，卻每天在雲遊僧清早起來之前，跑去清掃廁所。本山的起床時間是清晨四點，而禪師則是在三點就爬了起來。利用這一小時的時間，禪師悄悄地將廁所打掃乾淨。到了打掃的時間，負責照顧禪師的雲遊僧，卻抱持著勉强的心態，打掃禪師已經打掃乾淨的廁所。

一直到禪師死後，這段軼事才傳進青年和尚的耳中。歷代的禪師們都有這種共通的軼事。

對些許小事、不顯眼的工作也全力以赴，當然不會是爲了利益或沽名釣譽。默默地做人類應做的事，這種行爲就是所謂的「如愚如魯」。但，就算被人稱爲笨蛋，那又何妨呢？重要的是要去實行。

44 空即是色

這句話出自大家經常聽到的《般若心經》中的一節。般若心經全文不過二百六十二字，但是每一個字都蘊含著佛教的真髓。

坊間解說《般若心經》的書籍很多，建議各位不妨買來一讀。

所謂「色」，就是眼睛看得到、具有形體的東西，亦即成為物質現象存在的東西。所謂「空」，就是沒有實體。因為不具有「實體」的概念，所以很難掌握到。

佛經經常提到：「色即是空　空即是色」。意思是說眼睛看得到的東西並非實體，不是實體的東西卻具有形。

這就好像在玩腦筋急轉彎的遊戲一樣。

眼睛看得到、確實存在的東西，確說它「不是實體」，這究竟是怎麼一回事呢？

以我這個四十不到的青年和尚為例，對本山的修行僧而言，我算得上是此道前輩。然而在老僧面前，我只不過是一名道行粗淺的小和尚罷了。在自己的廟中，我是一名住持；回到

家裡，我是妻子的丈夫、兒女的父親；在父母跟前，我是他們的兒子；到街上買東西，我是顧客；在女學生眼中，我是一位叔叔。

那麼，到底真正的我是什麼呢？

由此可知，每一個人所表現出來的，都只是片段而已。因看我們的人不同，而有各種不同的身分。

「那個人啊，真討厭！」

這是我們對別人的一種看法。而在我眼中看起來覺得討厭的這個人，可能在某個我不知道的地方，付出了很大的努力，或曾流下人生艱苦的淚水，這些我都不得而知。

爲此之故，禪僧特地教導我們如何生存於瞬間的現在。

也許這種生存方式才是正確的吧！

45 和泥合水

曹洞宗將建立永平寺的道元禪師稱爲「高祖」，將建立總持寺的瑩山禪師稱爲「太祖」，兩位祖師合稱爲「兩祖」，和佛教的開山始祖釋迦牟尼合稱「一佛兩祖」，都是宗門信仰的根據。

一宗怎麼會有兩個本山呢？也許各位會抱持疑問。曹洞宗如今能夠發展爲大教團，瑩山禪師的確盡了很大的力量。

「和泥合水」是道元禪師所說的話，但是這句話卻正好可以作爲瑩山禪師一生的寫照。這句話的意思是說，想要幫助別人時，如果自己不能被水打濕、被泥弄髒，就無法幫助他人。

瑩山禪師並未待在遠離人煙的山寺修行，而是在衆人生活的村鎮展開布教活動。爲了救濟衆人，曾舉辦先祖供養及祈禱會。有人認爲他距離道元禪師純粹的正傳佛法還很遠，不過我卻不這麼想。

在日本佛教史當中，鎌倉時代是從祈求一部人平安的佛教，蛻變爲希望更多人都能獲得幸福的佛教的時代。在時代的洪流當中，瑩山禪師恪遵道元禪師的佛法。其具體行爲，就是對衆人展開布教活動。

溺水的人向人求助。我們如果想要救他，就必須冒被水打濕、被泥沙弄髒的危險。

在某些情況下，甚至還可能賠上一條命。

瑩山禪師的布教活動，就好像把自己混入泥水中似地，飛撲到人群之中。那麼，他爲什麼能這麼做呢？關鍵就在於道元禪師所說的「和泥合水」。

46 覺者安眠

有人問釋尊：「昨晚睡得好嗎？」釋尊回答：「領悟者遠離一切貪婪，心靈安詳，在任何地方都能睡得很好。」這就是「覺者（打開領悟之門的人）安眠」這句話的由來。

每天都能安然入睡的人，根本無法體會失眠的痛苦。

在唱片行或書店，可以看到各種榜榜能夠促進睡眠的錄音帶和書籍。由此可見，因失眠而煩惱的人還真不少呢！

在好奇心的驅使下，我也買了一捲錄音

帶來聽。基本上，這些聽起來很舒服的音樂，和重複著「你很想睡、很想睡」的催眠術沒有兩樣。不過我很懷疑，這些東西真能使人入睡嗎？儘管如此，爲失眠所苦的人卻煞有介事地聽錄音帶、看書。在我這個第三者眼中，這些方法不僅不能使人入睡，反而會使頭腦更加清醒。

隨著社會日趨複雜，精神壓力不斷地積存。如果肉體也能疲勞就好了，可惜身體卻十分輕鬆。結果導致壓力愈發增加。

在本山修行的雲遊僧，沒有人因爲失眠而煩惱。對一整天不停活動、肉體極度疲勞的他們而言，能夠躺在床上睡覺實在是一大樂事。附帶一提，雲遊僧生活的規範，就是「充分勞動」。

一般社會大衆也認同「盡情玩樂、盡情勞動」這句話。所謂「盡情」，就是指集中全力。大多數人不論是工作或玩樂，都是屬於「腳踏兩條船族」。也就是工作時想著玩，玩的時候又想著工作。很多學生喜歡一邊聽音樂一邊唸書，這樣怎麼可能會有效率呢？所以，他們會因失眠而感到煩惱也不是不可能的事。

47 怨親平等

你允許怨敵危害自己，而不會對他心生怨憎嗎？

所謂「怨親平等」，就是以對待自己所親愛的人的方式，來對待怨敵。

佛教徒所努力要達到的目標，就是怨親平等。每個人都知道怨親平等的道理，但是當看到自己所怨憎的人出現時，實在很難以對待自己所愛之人的方式來對待對方。

昔日在印度有個小國遭到鄰近大國的侵略。小國被滅之後，國王被綁赴刑場處死。臨刑之前，國王告訴他的兒子：「不見長、不可短，怨恨會因消失而平靜下來。」王子從九死一生中被救了出來。在這之後，他的整個人生似乎只爲了復仇而活。他千方百計地接近大國國王，贏取對方的信任。有一天，國王帶著他到山間打獵。或許是太累了吧？國王居然枕在王子膝上睡著了。

這正是爲父復仇的大好機會。王子拔出刀來，抵住國王的脖子正準備刺下去時，突然想起父王的遺言，於是變得猶豫不決。國王醒來以後，王子將往事和盤托出。國王深受感動之餘，不僅赦免了王子的罪，還讓他返回故國，至此兩國間的仇恨一筆勾銷。

對於「不見長」一語，釋尊的解釋是不要一直將仇恨記在心中，「不可短」則是不要因爲急躁、缺乏耐心而破壞了友情。

對一般人來說，要「壓抑憤怒」是很困難的。當年在舊金山會議席上，佛教國斯里藍卡的代表，就以「怨恨不會因怨恨而停止、怨恨必須藉著怨恨消失而消失」，這番話爲戰敗國日本辯護。

48 一期一會

這句話在茶道世界裡，比在禪的世界裡更受重視。過去的已經過去，我們無法將其追回；而未來還沒有到，根本無從把握。換言之，真正出現在我們眼前的，只有「即今（現在）」。

用茶點招待朋友，是一種人生瞬間的相遇。因爲，或許這次分別以後，兩人永無相會之日。「怎麼可能有這回事？」也許有人會不以爲然。「只要想見，改天再約個時間不就得了。」這是我等凡夫俗子的想法。

一想到×年×月×日的茶會，將會是兩人最後一次相聚，主人就會竭盡全力招待客人，客人也會充分享受被招待的樂趣。反之，如果主人和客人存有今後還可能相遇的雜念，那麼雜念將會使茶會上的相遇變得不純了。

如此努力盡心，會不會感到疲累呢?很多人都有共同的疑問。但是，我們都無法保證自己明天還能活著，既然無法保證，那就應該把握眼前的一分一秒才對。

與「一期一會」頗為類似的，是國人「出國旅遊時的丟臉表現」。由於認定自己不會再到這個地方來，因此很多人會完全敞開胸懷，盡情做自己想做的事，即使這麼做可能損及國家形象也毫不在乎。如今出國觀光已經極為普遍，然而國人在國外的表現，卻在國際間留下了不好的風評，這點實在需要好好反省一番。

雖說明天之後還有明天，明年過後還有明年，工作也會一直持續下去，但如果不瞭解「一期一會」真正的含意，絕對無法全心全意去做好眼前的事情。

人與人之間的相遇，就是「現在」的相遇。因此，最好的生活方式，就是重視現在、拼命努力。

無明

正命

第5章

所謂正命，
即正當的生活。
擁有正當的職業，過著規律的每一天。

行

49 不酤酒戒

佛教五戒當中，有不得飲酒這條戒律。東南亞的佛教徒，至今仍然嚴格遵守這項規定。不過，熱帶地區的居民原本就沒有喝酒的習慣。就算只是少量飲酒，也會因暑熱而容易醉倒，所以酒被視爲縮短生命的死水，人人對它敬而遠之。

而在許多冬天酷寒的地區，即使是佛教國家，「不酤酒戒」這條戒律也早已有名無實了。僧侶們公然暢飲稱爲「般若湯」的酒，絲毫不認爲這是犯戒的行爲。的確，如果能夠快快樂樂地喝酒的話，酒堪稱爲人生

的潤滑油。不過各位也別忘了，「喝一杯是人喝酒，喝兩杯是酒喝酒，喝三杯是酒喝人。」

除了喝酒以外，吸菸也是一個非常嚴重的問題。釋尊並未禁止抽菸，因而有些和尚會以此爲由，認爲抽菸並没有什麼不對。殊不知在釋尊那個時代，根本没有抽菸的習慣。當然，問題的癥結，並不在於菸酒本身的罪過。

這就好像刀子一樣。依用途不同，有時它是解救病人性命的手術刀，有時則是强盜用來殺人的利器。不論是手術刀或殺人的利器，刀子還是刀子。如果認定刀子是殺人工具而完全禁止使用，那麼外科醫生恐怕就要徒呼負負了。其實，罪過並不在於刀子本身，而在於使用刀子的人類心態。

既然責任是在人類身上，處理時就必須格外慎重。除非有絶對的自信，最好不要把刀子帶在身邊。

想要戒菸、戒酒時，如果心裡想著：「絶對不可以喝酒。」則必敗無疑。因爲，你會不自覺地陷入自我嫌惡的狀態中。退一步想：「還是不要喝較好。」反而容易成功。當你這麼想時，即使偶爾表現較差，也不會過於責怪自己。

50 不留竹聲

「風，吹過疏竹林。

風，過不留竹聲。」

這段話的大意是說，當風吹過竹林時，竹葉會颯颯作響。等到風停以後，聲音就完全停止了。

和竹子一樣，領悟的人會因某件事而心動，但是事情結束以後，立刻就能恢復平常心，不會一直執著於那件事情上。

領悟者和凡人一樣，心靈也會受到損傷，不同的是他們能夠很快地重新站起來。以在海上行走的船爲例，當大浪湧來時，船可能會偏向右側，不過很快地它就會恢復平衡的狀態。

平凡人在遇到大浪時，會因腦海中一片混亂，而將體重置於已經向右傾斜的船的右側，結果使船傾斜得更加厲害。

只要秉持「不要太過執著」這個信念，就能緩和心靈所受到的傷害了。

那麼，「執著」到底是什麼呢？

在公司或學校裡遇到一些令人氣憤的事情，心裡一邊發著牢騷一邊回到家中，把怒氣發洩在家裡某個人身上。成爲發洩對象的第三者在困惑之餘，當然也會十分生氣，於是又把氣發在另一個人身上。如此一來，家裡怎麼可能還保有祥和的氣氛呢？

「不會一直執著」的人，遇到這種情形當然也會生氣，可是他會盡快撫平怒氣，不會把怒氣帶回家裡。

迅速生氣、迅速忘記，這即對「執著」的最佳詮釋。

51 切磋琢磨

雕刻角的人，會用小刀切（切）角或象牙，然後再用磋刀磨（磋）。雕刻玉的工匠，會用槌子敲打玉加以整形（琢），然後再用砥石磨光（磨），不久一塊美玉就完成了。這種需要花費工夫的工程，經常被用來比喻學問的提升或人格的培養。

道元禪師在《隨聞記》中曾說：「琢磨可使玉成器，歷練可使人成仁。所有的玉經過琢磨以後，都比原先更加光亮。不管是誰，都會比剛開始時更輕利。因此，所有的一切都需要琢磨、歷練。」

我們都知道，寶石不是一開始就閃閃發光的。原石必須篩選再經過琢磨，才能成長寶石。而琢磨原石，是一件相當費工夫的事情。年輕人對於要花工夫的事情，是最沒有耐心。爲什麼呢？因爲，他們成長的環境，只教導他們如何避免花工夫。

想吃東西？速食品到處可以買到。只要等上三分鐘，就可以吃到香噴噴的麵了。如果速食麵要等十分鐘才能吃，恐怕就不會那麼風行了。

詢問一些前來學坐禪的年輕人對坐禪有何感想，他們一致表示很難忍受長達四十五～五十分鐘的坐禪時間。那麼，多少時間比較適合呢？他們回答大約十二～十三分鐘。

坐禪時間的長短，必須藉由訓練慢慢習慣。當然，一開始時會雙腳發麻，但除非每天接受訓練，否則身體永遠也不會習慣。要習慣，當然必須花點時間。也就是說，必須先「切磋琢磨」才能提升程度。

52 盡十方界

有句話說：「三輪清淨布施」，意思是指布施的時候，必須先使三種東西（三輪）清淨。

這三種東西是：

①布施之物

②布施者的心

③接受布施者的心

在三輪清淨布施中，①和②是自己的責任範圍，③則是他人的責任範圍。

布施行是很困難的。誠然，想要減少布施行的煩惱，只要自然地將「布施」拿出來

賜與

給僧侶，而僧侶也只要以堂堂正正的態度接受即可，卻仍然會產生迷惘。

「盡十方界」是指展現生命活動的大自然。不，這不單是地球規模的問題而已，應該當成廣大無邊的宇宙整體。我們從盡十方界裡，接受多種有形、無形的布施。

也許我們自以爲布施出去很多東西，但事實上我們卻接受了更多布施。既是如此，也就不需要說什麼感謝不感謝的話了。

早上太陽升起以後，不會因爲人們喜歡或不喜歡而不給他陽光。換言之，所有的人都能享受到陽光。不只是太陽，周遭的一切大自然，也都在默默地對我們進行布施。

我們的生活中，有九九·九%是來自於天地萬物的布施。剩下的〇·一%，才是我們自己努力的成果。可是，人類卻經常爲了這僅僅〇·一%的世界的或多或少，而引起大騷動。

對人類而言，「盡十方界」的布施是「上天所賜予的」。有鑑於此，請各位不要製造一個爭奪、貧婪、憎恨的世界。

53 十界互具

每個人都具有兩種面貌。這兩種面貌，指的就是善與惡。

日本也有「外表如菩薩　內心如夜叉」的說法。大意是說外表看起來有如菩薩一般祥和、慈悲，然而內心卻恰巧相反，有如夜叉般陰狠毒辣。

在會議中侃侃而談，自信滿滿地陳述自己的意見，吸引住在座衆人目光的人，背地裡或許也有很多不平與牢騷。如果懂得讀心術的話，或許你會大失所望也說不定。

各位，難道你不曾有過類似的經驗嗎？

具有兩面性的人，並沒有任何特別之處。因爲，我們或多或少都具有兩種不同的面貌。

佛教仔細觀察過兩面性以後，將其分爲十個世界（十界）。

所謂十界，包括六凡、四聖。

六凡：①天
②人
③修羅
④畜生
⑤餓鬼
⑥地獄

四聖：①聲聞
②緣覺
③菩薩
④佛

所謂「十界互具」，就是指六凡、四聖的世界都具備（具）了。簡單地說，就是在地獄世界中，也有其它九個世界存在。

芥川龍之介在《蜘蛛絲》一書中，也提及惡人偶爾也會突起菩薩心腸解救小生命。孩提時代看到蜘蛛絲被弄斷而受到衝擊時，意味著善惡之心已經覺醒。

每個人的心中既有菩薩心出現，也有地獄心出現。

希望你繼續和菩薩心打交道。

54 真正見解

「真正見解」一詞出自唐代禪僧，臨濟義玄禪師之口。所謂真正的見解，就是不要爲表面欲望的充足所迷惑，要努力到達真正的領悟境地（見解）。

所謂表面欲望，包括更高的地位、頭銜、財富、權力等。一旦深陷這些欲望當中，就會無法自拔。在擁有這些欲望的同時，會迷失真正的自己，產生一種地位和頭銜才是自己的錯覺。

人生在世，應該有財產、頭銜都無法帶到另一個世界去的自覺。

在現世裡，不管你再怎麼位高權重，終究只是在現世的裝飾工具而已。可笑的是，人卻經常爲這些裝飾工具所擺佈。

一休禪師有一段關於袈裟的有趣故事流傳於後世。

某個有錢人要求一休禪師爲他舉行法事。這位有錢人自以爲家財萬貫，平日裡總是一副趾高氣昂的樣子。禪師決定給他一個教訓，於是故意打扮成乞丐和尚的模樣，來到富翁家門前。「對不起，我想見你們家主人。」說著朝門內走去。家人以爲他是乞丐，當即毫不客氣地喝道：「出去、出去！」不料和尚卻怎麼也趕不走，於是富翁下令：「立刻把這個乞丐給我轟出去！」在家人的棒棍下，禪師鼻青臉腫地逃了出去。

翌日，禪師穿上金襴袈裟，再度來到富翁家門前。很快地，主人來到玄關處迎接他。當主人表示要請他到佛堂去時，禪師卻站在玄關一動也不動。

「我穿著破爛的衣服來，結果卻被你叫人打得渾身是傷；穿著金襴的袈裟來，你卻殷勤地親自出門迎接。原來你想要的是這金襴袈裟。好吧！這件袈裟就送給你好了。」說著脫下袈裟轉身離去了。

這則故事主要是在告訴我們，內在遠比外表的裝飾更爲重要。

55 泥多佛大

偶爾我們也會聽到一些不可思議的話語，例如「泥多佛大」。泥指煩惱，這句話的意思是說，煩惱愈多，領悟也愈大。

我們都知道，想要成佛就不能有煩惱這種迷惘。然而，泥多佛大這句話卻推翻了我們原先的瞭解。

佛教認爲迷惘愈多就愈要努力。注意到自己的缺點而加以改正的，是你自己。如果沒有煩惱、迷惘，自己也就不會反省了。

人在面對事物遭到失敗時，會反省爲什麼會失敗，且經常將原因歸諸於「倒楣」

煩惱

或「幸運」。亦即將自己的失敗歸咎於倒楣，別人的成功則是因爲幸運的緣故。

但是，請等等。不論是感嘆「倒楣」或「不幸」，人們通常會根據自己的想法任意區分好壞。以自己爲中心，做出任性的感嘆。

事實上，所有的「不幸」或「倒楣」，都是我們自己的心所製造出來的「幻影」而已。換句話說，我們其實是在跟自己製造出來的「幻影」生氣、焦躁。

如何才能不爲這些幻影所惑呢?這是我們必須用心思索的問題。

一言以蔽之，「感謝」可說是解決問題的關鍵。在年輕氣盛的青春時代，人經常是以自己爲主來面對社會。等到進入社會以後，如果不曾嚐過到處碰壁或遭遇挫折的滋味，自然無法瞭解真正的感謝之意。拜衆人之賜自己才能存在——對這層肉眼看不到的「緣」，一定要抱持感謝之心。

56 悉皆成佛

佛教所謂的「一切衆生　悉有佛性」，是指所有生物都具有成爲佛的性質。不，不只如此，甚至連石頭、泥土也能成佛。這就是所謂的「草木塵土　悉皆成佛」。所以，唯有懂得重視東西，才能體會對他人的「體貼」。

對年輕人而言，重視東西或許是不合時代潮流的作法。由於現在的年輕人是在消費萬能的價值觀中成長，突然要他們「重視東西」，恐怕根本不知如何展現正確的行動。

到專門收集垃圾的垃圾掩埋場走一趟，你會對現代人的奢侈、浪費感到驚訝。從還可以使用的照相機、冰箱、檯燈等電器用品，到仍然完好如新的沙發、床墊等傢俱，幾乎一應俱全。

曾經歷經戰亂、嚐過物資缺乏之苦的老一輩們，看到這幅光景都忍不住蹙眉長歎。然而，在物資充裕的現代社會裡成長的年輕一代，即使你告訴他們要重視東西，他們也不瞭解這是什麼意思。

前些日子家中那台已經用了十二年的電視出了毛病。我將電視送到電器行去修理，不料老闆卻拿出一本電視機目錄要我看。根據他的說法，與其花錢修理，不如乾脆買台新的。況且新電視影像清晰、畫面又大，看這種電視才是真正的享受。當我詢問修理費要多少時，他回答要二萬日幣，同時又强調這台電視已經老舊，根本不值得花那麼多錢修理。

最後，我用相當於修理費的二萬日幣，買了一台中古電視回家。

新買的電視附有遙控器，只要按一下，就能轉到自己喜歡的頻道。此外，它的外型也比原先那台進步多了。

那架舊電視後來怎麼被處理的呢?每次想到這點，我就心中一陣黯然。

57 三衣一鉢

奢侈的標準正隨著時代而不斷改變。而充斥於各個家庭的電化製品，標準的改變更爲厲害。

在某個時期，冰箱、洗衣機、電視被稱爲「三種神器」。當時爲「三種神器」對庶民而言，猶如高嶺之花，可望而不可及。等到冰箱大量生產、價格降低以後，幾乎家家户户都擁有一台冰箱了。而在現代，一個家裡有兩、三台電視是很平常的事。技術革新的進步速度，著實令人感到驚訝。

以前爲了買一台電視，必須拼命工作、節衣縮食地存了好幾個月才能如願以償。而今卻可以利用分期付款等方式，輕輕鬆鬆地把電視搬回家。於是乎每當有新產品問世時，這一代的人就會爭相購買新的產品。其揮霍的情形，用「奢侈」這句話已不足以形容。

我想，對於年輕人視爲理所當然的消費，老一輩的之所以會看不過去，可能是由於「奢侈」的標準不同所致。

在禪的世界裡，雲遊僧所攜之物有所謂的「三衣一鉢」。「三衣」指的是身上所穿的衣服，「一鉢」則指食器，同時也是托鉢時用來盛裝施物（米或錢）的器具。這三衣一鉢，乃是雲遊僧維持生存最低限度之所需。如果擁有超過三衣一鉢以外東西，那就是奢侈了。

仔細想想，擁有許多東西的人，對東西的執著心也較强。每次一有新產品上市，即使不是必需品，也會不顧一切地買回家來。同理，愈是有錢的人，對錢的執著心愈强。他們腦海裡想著的，不外是怎麼樣才能賺取較高的利息、那一種股票才會賺錢等等。

佛道修行首先必須斷絕一切執著，當然對於所擁有的東西也必須加以限制。對我輩修行之人而言，維持生存最低限度以外的東西，都是奢侈品。

58 降魔成道

這句話是指釋尊領悟時的那一瞬間。因爲，降「魔」與領悟是在同時發生的。

「魔」一般是指普通的惡魔，也就是在恐怖電影裡經常看到的妖魔鬼怪。不過佛教所謂的「魔」，卻是指與神同屬一類的「天魔」。

「成道」與十二月八日「領悟日」的成道會意義相同。每年一到十二月，禪道場就會進入接心這種仰慕釋尊成道的特別修行期間。一般人只會覺得聖誕節時街上非常熱鬧，但是對佛教國家而言，這卻是一個非常

重要的時期。

佛典中記載，魔王對於下定決心「我未得到正覺以前，絕對不從這個座位上站起來」的釋尊，不斷地加以阻撓。

首先送來三名美女，企圖以美色誘惑釋尊。然而在接近釋尊以後，這三名美女都變成醜陋的老太婆。

接著魔王又告訴釋尊，不論是財富、名譽或權力，只要是釋尊想要的，他都可以給予。對人類而言，這無疑是最大的弱點。例如，公務員只爲了些許賄賂，不惜以身試法；候選人爲了在選舉中獲勝，不惜花大把、大把的鈔票買票。經由傳播媒體的報導，幾乎每天都可以發現到人類的弱點。

而釋尊卻捨棄了這一切，成爲出家人，雖說只是小國，但他畢竟曾經貴爲印度釋迦族的太子。在一般人看來，釋尊能夠生爲太子，實在是一件非常幸運的事情。

最後，魔王派出一支軍隊來攻擊釋尊。不料士兵手中的刀卻自動折斷，連一支箭也射不到釋尊。

關於魔王的出現，我們又作何解釋呢？一般認爲，這是指釋尊內心的糾葛。

修行，努力的人，經常會有誘惑圍繞在身邊。

59 照顧脚下

有錢人有時也相當愚蠢。例如，看到別人家的三層樓房既壯觀又美麗，心裡就想我也有錢，爲什麼不蓋一棟這樣的高樓呢？於是請來工匠建造樓房。工匠瞭解主人的要求後，首先打好地基，然後開始蓋二樓。當即將動工建造三樓時，主人突然跑來了。

「我不需要蓋地基，也不要一樓、二樓，只要三樓的高樓就好了。你們趕快造三樓吧！」

這是釋尊的說法。

在禪宗寺院的玄關處，寫有「照顧脚下」四個字。意思是提醒前來寺內參拜的人：「把你所穿的鞋子擺好」，同時也希望他們擺脫世俗的糾葛、忘卻價值觀。具體地說，就是在脫掉鞋子的那一瞬間，也能去除世俗的塵埃。

所謂世俗的塵埃，就是結果重要主義。

現代人多半只重視結果。就拿推銷員來說吧！上司只要求下屬達到自己所訂定的業績標準，至於部屬如何努力地想要達成業績，則根本毫不在乎。這麼一來，上司與部屬的關係當然會產生破綻。

同樣的情形也會發生在親子之間。父母只重視成績，就算孩子考試作弊或採用其它不正當手段，只要能考上理想學校，家長也可以表現得若無其事。

這樣不僅會破壞親子關係，同時也會對人格形成產生不良影響。

所以，不要光看結果，到達結果之前的過程才是最重要的。

60 喫茶喫飯

其二

參加喪禮慰問喪家時，最常聽到的一句話是死者已經上天國了。事實上，只有基督徒才會有上天國的想法，身爲佛教徒的人，只能默默地聽著。

和僧侶的布教活動比起來，電視裡的宣傳活動似乎有力多了。畢竟，宣傳活動是傾注全力進行，而布教活動則只能利用餘暇進行，兩者之間的勝負早已昭然若揭。

佛教國家並沒有天國與地獄之別，而是地獄與極樂之分。佛教認爲，極樂與天國之間有很大的差距。

根據佛教的宇宙觀來看，天國仍然屬於輪迴的世界之一，是迷惘的世界。雖說是天人所居住的世界，但天人也有壽命，也必須再次回到地獄，所以並非理想世界。至於極樂，則是脫離輪迴世界的「極端快樂」的世界。

那麼，我們所在意的地獄世界，又是怎麼回事呢？由「今世地獄」「地獄特訓」等字眼，就可以瞭解到這並不是死後的世界，而是我們現在所居住的世界。

如果這個世界真有地獄存在，那就必須努力逃離地獄才行。佛道修行就是爲此而存在的。

但，如果沒有學習佛道的姿態，就無法改變自己。

正如「喫茶喫飯」所言，在喝茶、吃飯等日常生活中，仍然有很多佛道修行的種子。希望能藉此將今世的地獄改變爲極樂。

61 應病與藥

你知道的藥師如來佛嗎?手持藥壺、臉上帶著微笑的藥師佛，在醫療尚不發達的古代，充分發揮了醫生的作用，藥師堂則發揮有如醫院般的功能。

如果說只要去參拜藥師佛就能治癒疾病，現代人一定會斥爲無稽之談。不過，現代醫院有所謂的「僞藥」，也就是只要讓病人相信吃下這個藥後病情就會好轉，結果病人服用以後，病情真的好轉。對於這種現象，應該如何解釋才好呢?

也許，人類身體原本就具有能夠戰勝疾

適合各人的說法

病的自然力量吧？

其證據是，在我們周圍有很多藥師堂，其中不乏真的治癒疾病的例子。

現代人一生病就會跑到醫院去，會到藥師堂來的，多半是連醫生也束手無策的患者。到醫院去之前，原本以爲醫生一定能治好自己的病，沒想到卻帶著更加紊亂的心情回來。在醫院裡等了老半天，好不容易輪到自己時，醫生竟然只花了一分鐘進行檢查，然後就叫你回去了。檢查的過程會不會弄錯呢？醫生開的藥真的有效嗎？……在疑問無處獲得解答的情況下，你當然會忍不住大發牢騷。

來到藥師堂的人，心情多半比在醫院候診室裡等待的患者更爲穩定。事實上，現代人不就只有在藥師堂裡，才能去除心靈的疲憊嗎？

釋尊的說法，是根據對方的心病狀態，給予適當的說法（藥）。所謂的心病就是煩惱，也就是配合煩惱的種類來說法。人的煩惱共有八萬四千種，釋尊也準備了八萬四千種藥，這就是所謂的「八萬四千法門」。

在此要提醒各位的是，說法是領悟的手段而非目的。此外，我們非常瞭解的說法，對他人來說也許並不是那麼容易理解。

62 安心立命

如果使用「安身」二字，則可以寫成「安身立命」。

安心指的是「領悟」，立命則是完成所給予的使命。兩句話合在一起，是指「領悟並完成使命」。

「生死中有佛則無生死，但瞭解生死即涅槃，故不應厭惡生死……」。（「修證義」第一節）

所謂生死，指的是從生到死爲止，也就是我們的人生。不只是生死而已，生、老、病、死的痛苦，是任何人都無法避免的問題，也無法逃避。

面對這個問題時，我們應如何處理呢？

現代人會想要用金錢來彌補痛苦。對保險的關心度提高，就是最好的證明。但是每個人都知道，光靠錢並不能使自己真正安心。

金錢絶對主義的發想，根本無從獲得解答。

道元禪師曾言：「放棄生、放棄死，成爲佛家一大事的因緣。」也就是說，自己同時是萬物，萬物同時是自己，面對生死問題時，不要徬徨，要一心不亂靠自己的力量去瞭解。這便是道元禪師所說的「放棄」，不過絕非捨棄的「放棄」。

一旦放棄生死問題，才能眞正「安心立命」，才能瞭解到光靠物質是無法保障安穩的。

名色

正精進

第6章

所謂正精進，
即正當地努力。
不留餘地的努力，拼命的努力，不是
正當的努力。不重結果而重視到達結
果之前的過程，才是最重要的。

識

63 啐啄同時

雛鳥從蛋中破殼而出的瞬間，由內側把殼戳破的動作稱爲「啐」，母鳥從外側戳殼稱爲「啄」。如果雙方不能配合時機採取行動，雛鳥就會死去。「啐啄同時」所表現的，正是這種不可思議的自然現象。也稱爲「啐啄迅機」。

在禪的世界裡，這是用來表示師父與弟子之間，傳授、承續佛法的重要話語。以杯中的水爲例。由師父傳給弟子的佛法，就是「一器的水移到另一器中」。如果弟子的器太小，水（佛法）就會溢出。反之，器太大時則嫌不足。因此，時機的掌握必須恰到好處。

師父領悟的力量與弟子領悟的力量，必須旗鼓相當。如果雛鳥的力量不夠，那麼母鳥一啄將會導致雛鳥喪命。反之，母鳥啄的力量不夠，雛鳥也一樣性命難保。

這個問題的關鍵在於，時機掌握一旦錯誤，雛鳥就會喪命。

站在弟子的立場，或許很難接受這種說法。但不論如何，這個道理是顚撲不破的。師父就是師父，弟子就是弟子，一旦立場混亂，就會出現如下的情形。

某個修行僧來到師父身邊，對師父說道：「領悟的時機成熟了，請爲我啄殼，讓我破殼而出吧！」

師父則說：「可以啄殼嗎？你不顧自己的生命啦？」

弟子依然堅持己見：「假若身爲弟子的我無法領悟，則身爲師父的你也會受人嘲笑。」

師父聞言大喝：「不成熟的東西！」這一喝就是師父的「啄」。

師父的這一喝，乃是慈悲心的表現。

64 善惡難定

關於善惡，道元禪師的說法如下：

「善惡難定。世間之人皆認爲綾羅綢緞較好，鹿布糞掃衣不好。但佛法卻認爲此爲清，金銀錦綾爲濁。且世間一切皆然。」

一般人認爲穿著漂亮衣服，也就是綾羅綢緞才是好的。即使是和尚所穿的袈裟，一般人也認爲只有繡上金襴、金光閃閃的袈裟才是上等品。反之，用粗布製成的僧衣，也就是便宜的鹿布糞掃衣，則是不好的劣等品。

佛教的想法卻完全相反，認爲奢華的衣

飾不好，粗布衣服才是好的。

現在你一定覺得頭腦一片混亂吧？世間認為「善」的，佛教卻認為是「惡」；佛教認為是「善」的，世間卻認為是「惡」，所以說「善惡難定」。

由「善惡難定」這句話，讓我想到佛教的「佛」字。「弗」有否定偏的意思，加上三點水則成了「沸」字，表示水變化成為滾水的狀態，意思是說「像是水卻又不是水。」

至於「佛」這個字的解釋，則是「像是人但是卻不是人」。也就是說，佛教的「善惡」與世間的「善惡」並不通用；相反地，世間的「善惡」，也無法與佛教的「善惡」納入佛教，就會引起混亂。

不論是用綾羅綢緞製成的袈裟，或是用粗布製成的袈裟，都改變不了它們是袈裟的事實。

65 趙州洗鉢

有一次，一名和尚詢問趙州和尚：「師父，我乍入叢林（剛進入禪道場），能否請你告訴我什麼是禪？」

趙州反問對方：「早餐吃了没？」

和尚回答：「是的，吃過了。」

這時趙州和尚又說：「那就趕緊去洗鉢吧！」

和尚一聽這話，立刻就領悟了。

在前面這段故事中，自稱「乍入叢林」的是一位新修行僧。所謂乍入，指的是才剛進入的意思。至於叢林，則是指修行僧的聚集處。把修行僧比做樹木，那麼寺院就是林。之所以把修行僧比喻爲樹木，自然有其道理存在。因爲，樹木必須沐浴在陽光底下才能成長，如果樹木偷懶，成長速度可能就會延遲一天。而這一天，將會對日後造成很大的變化。

以往大家都一樣地曬太陽，但是當成長延遲時，日照時間就會稍稍減少。日照時間減少以後，成長的速度又會減慢，形成一種惡性循環。因此哪怕只是慢了一天，也不能掉以輕心。而以叢林爲例，主要是在警戒修行僧們。

在叢林中主要是進行什麼樣的修行呢？大家首先會想到坐禪。然而趙州卻說是吃飯、洗缽。他想說的究竟是什麼呢？他的用意在於表明禪並沒有特別之處，而是存在於日常生活之中，要求要做好日常生活中該做的事情。

不要光是往上看，應該先做好眼前要做的事，這就是「洗缽」的真諦。

66 直心道場

T君自幼被父母拋棄，流落到一間鄉下寺廟中。在寺廟中成長的他，很喜歡寺廟的生活，也學會了經文，很喜歡打掃。

由於在出生過程中出了一點問題，T君對於數字的概念只能到十爲止。在學校裡接受特殊教育的T君，非但不曾因此感到自卑，反而過得比誰都快樂。在學校裡的開朗表現，爲他贏得了很多友誼。

有一天，他和寺裡的方丈立下約定。因爲已經升上中學，所以他決定做一些對大家有益的事情。幾經思考以後，他選擇打掃學校廁所這項工作。在寺院生活中早已習慣掃除的他，認爲掃廁所也是一種積功德的做法。多年來他一直抱持著這樣的心願：「等我頭腦變聰明以後，就能見到親生母親了。」

於是利用放學後等巴士的空檔，他每天都會自動清掃廁所，即使是寒冷的嚴冬也不例外。學校的廁所既髒且臭，但是T君卻持續三年如一日，在就讀初中期間每天把廁所打掃得非常乾淨。

聽到這段故事時，我流淚不止。坦白說，我也很想和T君一樣對衆人有所貢獻，但是卻無法付諸實行。而且，我也無法像他一樣持續那麼久。

所謂「直心道場」，就是與其講一些大道理，還不如保有純樸之心，這樣才能看見真理。

談到「道場」，很自然地就會想到坐禪的禪寺，事實上禪世界並不僅止於道場而已。只要像T君一樣，下定決心「要好好地做」，不論何時何地都能形成道場。

67 心頭滅却

「心頭滅卻，火自涼。」

這是在織田信長被燒死的惠林寺快川和尚的一句名言。

每當我引用這句話時，經常有人問我：「坐禪得到領悟以後，是否真如快川和尚所說的那樣，能夠超越寒熱呢？而像快川和尚這種跳入火中的作法，究竟是屬於何種狀態呢？」

一般人看和尚，應該也和普通人沒有兩樣。即使是歷史上著名的禪師，也不例外。被誤以爲是累積深厚修行的禪道高僧，當然

值得暗自竊喜，但一旦被問及僧侶的絕對皈依問題，我就不知該如何回答了。

跳進火中仍然能若無其事的人，應該不是禪僧，而是魔術師才對。

快川和尚的「火定三昧」，是快川和尚的禪世界。如果是我跳入火中，一定會熱得受不了。

不過，當人熱中於某項事物時，往往會忘了寒暑。所以，真正值得注意的，是能否專注於某項事物。

對事物是否熱中，決定權在於自己。以禪僧而言，應該就是坐禪。曹洞宗的青年和尚們，目前正在朝這個方向努力。

萬一所熱中的是反宗教、反社會的事物，該怎麼辦才好呢?很遺憾地，我也無計可施。所能做的，只有等待熱度冷卻、等待當事人的自覺成長而已。

所謂「心頭滅卻」，就是如同快川和尚一般，在智者的立場上竭盡所能，使自己達到最善。

只要能夠做到最好，也就不會有任何悔恨了。

68 至道無難

「至道」的「至」，是至極、最高的意思。指無常的大道，也就是佛道。所謂「至道無難」，意思是說真正的真理（領悟）並不是困難的。

這是趙州禪師所說的話。

修行佛道時，為了得到領悟，雲遊僧必須長時間忍受痛苦的修行。但是，趙州禪師卻主張領悟並不困難。理由何在呢？

在憤怒之前，應該先退一步使頭腦冷靜下來再慢慢思考。

外國有句格言：「人跌倒了會責怪坡道，沒有坡道則責怪石頭，沒有石頭則責怪鞋子。總之，人絕對不會承認是自己的過錯。」這句話的本意是說，沒有人會認為自己的失敗、不幸是自己的責任，而會將責任轉嫁給他人。

學生經常為考試成績而煩惱。成績不好時，絕對不會認為是自己不用功，而將原因歸咎於「老師出題的方式不對」或「媽媽沒有把我叫起來」，甚至還有人說：「都是爸媽不好，誰叫他們把我生得這麼笨？」

花太多精神於發牢騷上，只會使你無法繼續向前邁進，使你更加討厭學習、變得更加不懂。

如果因爲無法領悟而發牢騷，則永遠也不可能得到領悟，同理，當你自以爲是地想像領悟是高尚而困難的時，也不可能得到領悟。

趙州禪師主張：「認爲困難的心，會使事物變得困難。」

而我們這些凡夫俗子，會任意編些理由，說服自己領悟是一條遙遠的路。

69 上求菩提 其二

出自「上求菩提　下化衆生」一語，意思是說：「隨時不忘朝上的向上心，也不忘朝下救濟衆人。」

這是菩薩精神的表現。菩薩完全具備了成佛的資格，但是他卻沒有進入佛的世界，而選擇停留在人的世界，全心全力地救助我們的心。

他活躍在與我等相同的世界，因而獲得衆人的愛戴。

菩薩是指「觀音」「地藏」等和人類非常親近的佛。既是身邊的佛，自然也是人類生活的目標。

然而在現實社會裡，卻有很多人過著完全相反的生活方式。例如，很多上司都喜歡以高高在上的態度命令屬下作事。

年輕時，或許你曾經對同事說：「換作是我，我才不會用這種態度對待部屬呢！」孰料等你晉升爲管理階層以後，卻忘了當年所說的話，成爲自己當年最討厭的那種人。至於那些仍然保有青春之心的人，在公司裡恐怕就很難出人頭地了。

在現實混沌的世界中，菩薩一直從事著救人的工作。佛教信徒也以此爲目標，在菩薩面前合掌膜拜。

問題是，人有時並不能按照自己的理想生存。話雖如此，還是必須努力朝著「理想」一步一步前進。或許最後仍然無法達到自己的理想，但是就算達不到也無妨，只要朝著目標不斷前進，就會領略到尊貴。

對於朝著理想不斷前進的人，佛教稱之爲菩薩。

⑳ 四苦八苦

「四苦八苦」一詞代表完成的喜悅。

費盡千辛萬苦才得到的東西，歷經無數艱難才獲得成功時，最能體會這句話的箇中滋味。

所謂的「四苦」，大家都知道是指「生、老、病、死」。每當提出說明時，總會有人問我：「生」之苦是什麼?人自出生以後，就會歷經疾病、年老及死亡等各種痛苦，釋尊認爲這就是「生苦」。

所謂「八苦」包括：

①愛別離苦　與自己所愛之人分別是

苦。

②怨憎會苦　與自己怨憎之人相遇是苦。

③求不得苦　所求而不可得是苦。

④五陰盛苦　肉體與精神毀滅是苦。

再加上前面的四苦，即爲八苦。而非四加八等於十二苦。

前面的四苦是普遍的苦，例如，有錢人也會遭遇病苦、美人也會有老苦，這些苦每個人平等的都會遇到。

後半的苦則因人而異。眼前擺著美味佳餚，肚子餓的人與肚子飽的人，吃起來的心理感受完全不同。

感覺因人而異這點非常重要。而前半的「四苦」。則是普遍的苦。

因爲具有個人差，所以根據心態的不同，有的人承受痛苦，承受打擊始終無法緩和。對此，佛教的教誨教導人們緩和打擊的方法。

71 可離我見

佛教認爲「我見」是指「我的看法」。

道元禪師曾說：

「學人第一用心應是離我見，既離我見，當不可執此身。」

所謂學人，是指修行中的人。以一般社會來說，就是學生或公司的新進人員。這些人多半具有一知半解的知識或經驗，對他人的話或忠告充耳不聞。殊不知只有捨棄自己，才能學到真正的知識和經驗。

不只新人如此，經驗老到的人也必須傾聽道元禪師的這一番話。當討論愈熱烈、愈認爲自己的看法是正確時，聲音就會大爲提高。這會使得那些持「這是規定，我無力改變」軟弱立場的人，感到十分痛苦。

有人說：「正義會傷害他人。」正義感極强的人，對於他人一丁點失敗或過失，總是毫不放鬆。其結果就是打擊對方。

而佛教則教我們要「原諒」「體恤」。

一旦能夠離我見，就能原諒朝向自己飛過來的刀，也能體貼他人不得不對自己刀刃相向的立場。

可惜的是，現今的社會風潮，卻是朝相反的方向前進。

現代可說是一個主張「自我權利」的時代，不過佛教的本意並非彈劾對方的過錯，而是要原諒對方的過錯。

72 廓然無聖

每到選舉季節，中國禪宗的開山始祖達摩，就會被視爲重寶。

「廓然無聖」是達摩大師的一句名言。

相傳熱愛學問的武帝，對於宏揚佛教一向不遺餘力。就在這個時期，達摩大師將禪由印度導入中國。

武帝和達摩大師曾經有過一番問答。

「我建造寺廟、抄寫經文、培育和尚，這麼做有那些功德呢？」武帝問。

達摩大師的回答是：「無功德。」

武帝聞言大吃一驚。無功德？那豈不表示以往所作的一切全是空的？這一點他當然無法接受，於是繼續問達摩大師：

「那麼，最高的真理是什麼？」

「廓然無聖（不執著於任何事物的自由心）。」達摩大師如此回答道。

結果，武帝還是無法瞭解達摩大師的真意。

人經常會執著於事物而生活著。像武帝建造很多寺院，也是一種執著的表現。至於一般人，則會執著於自己無法擁有像武帝那樣廣建寺廟的財力。

一旦擺脫執著，會出現什麼情形呢？首見是出現「像」這個字眼。具體地說，就是孩子像孩子、父親像父親、母親像母親。

不要老是想著自己在累積功德，只要集中全力去累積功德就可以了。

73 香薰燒白

釋尊入滅、舉行火葬時，所使用的是白檀木。換言之，釋尊是在芳香氣味的包圍下火葬的。

在佛前供奉抹香或線香，原因即在於此。

線香也有一般及高級品之分。一位慘遭喪子之慟的母親，向來不喜歡香的味道，心想高級品的味道可能好一點，於是買來使用，結果還是不行。

香具有使心情放鬆的效用。因其能使身心保持平靜，所以大量應用於沐浴劑及使房

間保持清香的芳香劑。

「香味」並非突然流行起來，由自古以來人們就有焚香木使其味道飄散的作法，可見香道早已存在。香道有所謂的「聞香」，也就是運用全部感覺來聞香氣，使心情放鬆，進而恢復平靜。

香對人類而言是有益的物品。不過，釋尊曾說：

「人類燃燒欲望之火，追求奢華、名譽。其姿態就如同薰香燃燒自己直至消失一樣。」貪求名譽、財富、色香的作法，宛如孩童舔舐塗在刀刃上的蜂蜜一般。在品嚐甜味之餘，也必須冒著割斷舌頭的危險。

釋尊以香木來比喻人類的欲望。其用意在告誡人們，追求名譽和財富的欲望要適可而止，否則反而會傷害自己。從另一個角度來看，人太過於努力鑽研佛道，未嘗不是欲望太深的表現。

對於人生，前輩給我們的教訓是：「豪華的東西一定會磨損自身。」

74 一水四見

意思是說，同樣是水，有時也會因立場不同而出現四種不同的看法。

看到「水」時，凡人只會將它視爲普通的水，天人則將它視爲用寶石裝飾的池。魚則認爲是自己的棲息處所，沒有水就無法生存。而在地獄受苦的餓鬼，則將其視爲膿血。「水」的姿態，其實並沒有改變，但因爲圍繞在我們周圍的事物立場改變，是以看法也改變了。一般來說，當擁有無數的立場時，就會有無數的不同看法。

汽車對現代生活而言是必需品，一個家庭裡擁有一、二輛車，早已是司空見慣之事。但在不久以前，汽車仍是有錢人的象徵。等到大家都有能力買車以後，有錢人便轉而購買高級車。等到高級車普及以後，又會轉而購買更高級的車。由此可知，隨著時代潮流的演變，價值判斷也會改變。

即使是在同一時代，看法也會改變。習慣開車上班的人，沒有車就好像沒有腳一樣。而從事汽車相關行業的人，則把車子視爲「吃飯的傢伙」。對暴走族而言，車子則是他們追求

快樂的工具。

到底那一種立場的看法才是正確的呢？我們不作結論。但必須提醒各位的是，也許你會認爲自己的看法正確而高談闊論，事實上你所有的，也只不過單方面的看法而已。

那麼，我們應該採取什麼樣的行動較好呢？

道元禪師言：「想過三次之後再說。」也就是想了三次以後，覺得三次都是對的再去實行。一旦說錯了話或已經展現行動，即使後悔也無法挽回，因此在行動之前一定要格外愼重。

從這裡也可看出，二次、三次的自問自答非常重要。

75 一得一失

兩位修行僧被師父叫到房裡。看到兩人進入以後，師父默默地指著掛在房內的兩張簾子。於是兩名弟子一起站起身來，各自捲起一張簾子。

師父見狀不禁說道：「一得一失（一人好、一人不好）。」

看到這段敘述，爲什麼一人好、一人不好呢？我們根本不得而知。相信被指不好的弟子，一定也會感到非常困惑。

以師父的境界（領悟）來看，經常會有一方是、一方非的情形出現。在師父眼中，這個解答應該是：「似是而非」。一些沒有實力的人，通常只會模仿他人的行爲做做樣子，等到深入探討以後，才發現他只不過是一隻紙老虎罷了。

我也有過類似的經驗。不過，當有人指出我不好時，首先我會設法「使頭腦冷靜下來」。而在十年前，我可能會「感到生氣」，甚至被怒氣沖昏了頭而不肯接受他人的忠告。所以，與人發生衝突的機率也較高。

道元禪師也說：「一旦抱持自我流的想法，就無法聽進師父的話。」

所謂自我流的想法，就是「明明與那個人相同，為什麼自己卻不行呢？」的想法。當然，這種想法非捨棄不可。

捨棄自我流的想法以後，就不會「生氣」、不會被「憤怒沖昏了頭」，也不會和他人發生衝突。

無法做到這一點的人，一定要多多接近值得尊敬的人，努力傾聽對方的忠告。

六處

正念

第7章

所謂正念，
即正當的注意力。
在日常生活當中，絶對不可疏忽
或感到茫然。

觸

76 吾唯知足

調查農耕民族與狩獵民族所信奉的宗教，發現農耕民族多半篤信佛教、狩獵民族則多半篤信基督教。由此可知，農耕與狩獵都對各民族的文化產生影響。農耕民族非常勤勉，因爲他們相信只要努力工作就一定會有更多的收穫。反之，狩獵民族的勞動與收穫往往不成正比。有時一整天都在山林中追尋獵物，卻不定會有收穫。但有時卻不費吹灰之力，獵物即不請自來。

屬於不同文化背景的兩個人在工廠工作時，生產力就會出現明顯的差距。認爲勞動

是人生責罰的人，看到坐辦公桌的白領階級，難免心生羨慕，希望自己有朝一日也能坐在辦公桌前工作。

然而，這麼勤勉的民族，爲什麼會遭人口出惡言，指責是「自私主義者」呢？是不是我們將勤勉這個特性，朝錯誤的方向發揮呢？

物質生活豐裕的國人，對「吾唯知足」這句話的意思，一定要深入瞭解。我們不能任由欲望無限制地膨脹。要讓心靈留有餘裕，存有「只要這些就夠了」的想法。

「吾唯知足」是釋尊所說的教誨。他說：「知足的人，心靈經常保持平靜；不知足的人，心靈隨時都是紊亂的。」

想要心靈平安，首先必須瞭解「吾唯知足」的道理。具體的作法，就是在心裡告訴自己：「已經吃飽了」「已經足夠了」。

以飲食爲例，我們經常會想要吃得肚子飽飽、脹脹的。的確，當自己想要的東西在眼前堆積如山時，實在很難抗拒誘惑。

對於「吾唯知足」這句話，現代人多半很難瞭解其真諦。但也正因爲它很難瞭解，所以一定要努力去瞭解。

77 貧者一燈

這是發生於釋尊活躍時期的古印度的故事。

有一次，釋尊爲了說法來到城鎮。人們在高興之餘，紛紛點亮萬燈進行供養。一位貧窮的老婆聽了這件事以後，也想爲釋尊獻上一燈。於是她四處乞討，然後帶著乞討所得的微薄金錢，來到油店裡買燈油。油店的老闆問她：

「妳連明天吃飯都成問題，爲什麼要買燈油呢？」

老婆婆表示自己雖然窮，卻很想爲釋尊奉獻一燈，所以才四處乞討金錢前來買油的。聽到這番話後油店老闆非常感動，於是決定爲老婆喜捨。

當天，在衆人的萬燈都滅了以後，只有老婆婆的一燈仍然亮著。

「富者的一燈比不上貧者的一燈」，這句話的意思是說，即使採取相同的行動，也必須看背後的努力來決定其價值。換言之，結果並非一切，獲得結果的過程才能展現其真正價值。

衆人的燈油隨著時間消逝而耗盡，只有老婆婆的油因爲分量較多，所以能夠堅持到最後。雖說這是油店老闆對老婆婆的喜捨，但他爲什麼會做這種喜捨呢？請各位好好想一想這個問題。

在「貧者一燈」這個故事中，任誰也無法忽略油店老闆的存在。

同理，對於我們的努力，一定有從旁鼓勵的人。對我們的努力，一定有發出共鳴的人存在。

没有力量的人，只要盡了力，結果並不會輸給有力量者。

78 萬法歸一

對禪感興趣的外國人，很喜歡「圓相」。返國之前，他們會拿著紀念色紙要求揮毫。每當問及要在色紙上寫些什麼，他們總是回答：「請寫圓相」。是不是因爲老外不懂得漢字，才會這麼説呢？當然不是。如果是因爲喜歡象形文字，那麼畫三角、四角也可以呀！可能是因爲在整體表現中，最能感受到的就是「圓相」的感覺吧！尤其是在坐禪中，這種感覺更爲强烈。

圓相並不在頂上。即使是在頂上，也可能會一百八十度旋轉而變成在最下面。而且，不管那一部分都會保持圓相，不會有任何欠缺。

在白紙上用力畫下的「圓相」，表現出佛教所具有的平等觀及「共存」的世界。「萬法歸一」指的就是這種圓相。達到一道的人，同時也是人生的達人。

學生時代我曾聽過棒球好手川上哲治的演講。也許各位會想，爲什麼一個學禪的學生，會去聽棒球選手的演講呢？那是因爲，這裡面有很多優點值得我們學習。據他説，一個正值顛峰時期的球員，投手投出的球在他眼裡是靜止的，因而能夠輕易地把球打到沒有人守備的位置形成安打。只是要想達到這個境界，就必須毫不怠惰地不斷努力。

請你暫時忘卻自我，做一些大事吧！這些足跡將會成爲珍貴的財產。不管在任何世界，出發點都是努力去做。

拼命努力

79 涅槃寂靜

「涅槃寂靜」是佛教的理想境地。

所謂涅槃，是指「火吹熄的狀態」。當人類心中燃燒旺盛的煩惱火焰消失時，即稱爲涅槃。

釋尊將煩惱火焰分爲「貪、瞋、痴」三種。

貪指「貪婪」，瞋指「憤怒」，痴則是「愚昧」。

這些火焰一旦消失即爲涅槃。換句話說，涅槃是指煩惱火焰消失後的寧靜境地。

當我們生氣時，即使他人提醒注意也會

充耳不聞。對於所看到的一切都會覺得無趣，進而更加生氣。究其原因，是因爲用憤怒的眼光來看一切的緣故。值得注意的是，這憤怒的火焰會轉移到他人身上。

換言之，憤怒會傳給與憤怒原因無關的第三者。這就好像引發大火的原因，可能只是一根火柴一樣。

因此，在釀成大火之前，必須趕緊撲滅煩惱的火焰。

只要捨棄一切欲望，就能脫離迷惘、痛苦。

捨棄「一切欲望」的狀態，稱爲「寂靜」。心中不再存有欲望時，自然便能恢復寧靜、安定。

人真的能夠到達「涅槃寂靜」的境地嗎?對過著家庭生活，以社會一員身分從事活動的人來說，是絕對不可能的。

所以佛教鼓勵「出家」。藉著出家，即可切斷「一切欲望」。

在人際關係的包圍下，是無法瞭解「涅槃寂靜」的心的。

80 如實知見

所謂「如實知見」，就是不要用「思考」的尺度來看事物，而要直接看事物的原態。

人類經常會用「思考」的先入爲主觀念來捕捉對象。覺得自己的孩子比別人家的孩子更可愛、覺得自己的女朋友是最美的女人。就好像「情人眼裡出西施」一樣，即使他人不以爲然，還是覺得自己心愛的人可愛。

在電視上，偶爾可以看到獅子捕食斑馬的畫面。獅子毫不留情地撕咬發出哀嚎的斑馬，口中沾滿鮮血，津津有味地吃著斑馬肉，真可說是殘酷至極的情景。

有人主張，一旦消滅了鹿的大敵，肉食動物如狼、郊狼、美洲豹等，屬於草食動物的鹿就會大量繁殖。的確，在沒有生命威脅的情況下，鹿當然能安心地大量繁殖。對鹿而言，和平的時刻似乎已經到來，只是，這份和平能夠長久持續下去嗎？

鹿一旦繁殖過剩，將會把草原上的草木全部吃掉。飢餓的鹿群啃食樹木的嫩芽，使得樹木無法生長。樹木無法成長將會導致食物短缺，結果使得鹿相繼餓死。這是沒有肉食動物的

和平世界，將會招致悲慘下場的最佳例子。

而映入我們眼中的殘酷畫面，其實正代表一個草食動物與肉食動物共存共榮的世界。

問題是，要人們不執著於獅子或斑馬，而直接凝視牠們的原態，似乎是一件非常困難的事情。對於這點，想必各位也都深有同感。

釋尊幼少時參加春天的農耕祭，也會因自然輪迴感到心痛。這正是促使他決定出家的一大原因。但是，後來釋尊卻獲得一個結論，那就是「如實知見」，以事物的原態去看事物。

81 倩女離魂

這是一則家喻户曉的中國民間故事。

相傳古代有位叫做倩女的美人。有一天，其父對與倩女青梅竹馬的少年說：「你們這對俊男、美女站在一起，就好像一對娃娃似地。等你們長大後成了親，一定是對非常相襯的夫妻。」

兩人都相信父親所說的話，認爲將來一定會和對方結爲夫妻。孰料等到倩女長大以後，父親卻要她和別人結婚。倩女堅決不肯，迫不得已只好和青梅竹馬的戀人相偕私奔。

數年後，兩人生下一子，認爲孩子必能令父親回心轉意，於是雙雙回家請求父親原諒。不料父親看到她時卻嚇了一跳，因爲倩女這些年來一直臥病在床，根本不曾離家半步。原來倩女居然一分爲二，變成兩個人了。

到底那一個才是真正的倩女呢？留在家裡的那個倩女，只是一具肉體而已，她的魂魄早已變成另一個倩女，隨著情郎遠赴他鄉並且生下了孩子。

唐代的法演禪師曾經詢問徒衆，到底那一個才是真正的倩女？

換作是我們，對這個問題應該如何回答才好呢？如果你的女朋友或女兒變成兩個人，恐怕你也會感到驚訝不已吧！

因爲，大部分的人都有一種根深蒂固的觀念，認爲這世上只有一個倩女存在。而且，不管是戀人、親子、兄弟或朋友，所有人際關係的愛都是亙古不變的。

事實上，我們的心靈無時無刻不在動搖。心靈與肉體是不同的，所以不能把它們緊緊地綁在一塊兒。

對於「喜歡」或「討厭」這種動搖的心靈，自己必須坦白承認。至於法演禪師的問題，只要承認這種狀態，就是一種解答了。

82 世法不破

丹霞和尚曾經在某個寺廟借住。因爲天氣太冷，於是燒木佛取暖。住持發現以後不禁大怒：「你爲什麼把佛給燒了呢？」這時丹霞和尚回答：「我打算把佛燒掉好取舍利子啊！」住持立即反駁：「胡說！木佛中怎麼會有舍利子呢？」

丹霞和尚聞言若無其事地說道：「那這不只是普通的木頭嗎？」

對道元禪師有很深影響的榮西禪師，也有一段與丹霞和尚類似的故事。

相傳榮西禪師住在京都的建仁寺時，有

位貧窮的男子前來求他：「我們家窮得沒有米煮飯，我和妻兒三人都快餓死了。請你救救我們吧！」建仁寺本身也很窮，寺內並沒有什麼值錢的東西。榮西禪師想了想，打破了佛像背後的光圈送給對方。

這兩個故事都相當震人心弦。佛道修行有時會陷入一種過於偏重自我的狀態。太過熱心的結果，是把自己封閉在一個小的世界當中。然而佛卻明白指出，世人痛苦時，僧侶也有相同的痛苦；世人悲傷時，僧侶也擁有同樣的悲傷。

丹霞和尚的燃燒木佛、榮西禪師的打碎佛像光圈，正是指示人們絕對不能脱離世間。所謂「世法不破」，意思是佛教戒律固然應該遵守，卻不能使佛教成爲與世間脱離的佛教。如果打破佛教的戒律能夠救濟衆人，那麼就毫不猶豫地去做，這亦是真正的佛心。

侷限在小世界中自己修行，無法真正瞭解佛教。真正重要的不是佛像，而是表現出來的教誨，以及接受這個教誨的佛心。

83 醉象調伏

釋尊有個弟子名叫戴巴達塔。此人想要害死釋尊，於是讓象喝酒，然後朝著釋尊把因爲喝太多酒而陷於狂亂的象放過去。出人意料之外的是，原本朝著釋尊方向狂奔的醉象，在來到釋尊面前時，卻變得如同一隻溫馴的小貓。這個故事即所謂的「醉象調伏」。

所謂「調伏」，就是制伏、降伏諸惡。釋尊的慈悲心傳入醉象的心靈，從而制伏了象心。

戴巴跟隨釋尊修行了十二年，卻始終無法領悟。眼見其他弟子陸續得到領悟，獨獨自己一人不行，戴巴內心的苦惱可想而知。到了最後，戴巴將苦惱轉爲對釋尊的憎惡。

仔細想想，如果你處在戴巴的立場，你的心情還能一直保持穩定嗎？眼見朋友們一個個出人頭地，自己卻還是沒沒無聞的小職員，心情當然十分激動。久而久之，你會怨恨上司、怨恨公司，甚至怨恨整個社會。

事實上，釋尊和對待其他弟子一樣，也對戴巴講述佛道的道理。只是，戴巴的心理怎麼也聽不到釋尊的聲音。戴巴的缺點，其實也就是一般人的缺點。

當別人明白指出你的缺點時，你能坦然接受嗎？我想能夠這麼做的人一定很少。甚至，你很可能會因此和這些親朋好友絕交。反之，大部分的人都會注意到他人的缺點。有人說：「他人是反映自己缺點的鏡子。」我認爲這真是一句至理名言。

戴巴和其他弟子之間究竟有何不同呢？我想最主要的原因，應該是在於他並未側耳傾聽他人的提醒。

自己內心的苦惱，有時也可以藉由側耳傾聽他人的提醒而找出解決的端倪。

他人是映照自己的鏡子

84 自然法爾

「自然法爾」是指於存在的自然狀態下得到真理的法則。

光是這麼說，或許各位還不太明白。現在我們就把這句話分開來逐一探討。

所謂「自然」，就是「不加諸任何外力，自己形成」的意思。這和一般所說的「自然」有何不同呢？根據字典的解釋，自然是「天然狀態，不加諸人力的事物之原本狀態」。它和佛教語的共通之處是「不加諸外力」，不同之處則在於「自己形成」。

至於「法爾」，乃是不採取任何作爲，呈現原本姿態的意思。以「真理」一語爲例，所謂「真理」，就是不論時代或價值改變，仍然必須持續下去的道理。

時代改變時，想法當然也會跟著改變。

「道德」並非真理。道元禪師指示我們：「不必在意他人、法爲法爾。」換言之，不管適不適合衆人，真理一定要能散發真理的光芒。具體地說，「自然法爾」就是「維持原狀」或「不加諸任何渲染」。

對於自然，我們會以「自然保護」這種人類的體貼心理來對待。

被關在動物園裡的獅子，固然不愁衣食；但是不能在大自然中自由馳騁的獅子，還能算是獅子嗎？

人類爲了保護瀕臨絶種的動物，於是把這些動物關進動物園裡，不料卻反而改變了牠們的本來面目。

由此可見，「維持原狀」是非常重要的。

85 諸行無常

某個青年僧從他人口中得知佛教的偉大，於是下定決心要成爲「布教師」，並且從前輩布教師那兒吸取了許多寶貴的經驗和知識。令他感到不解的是，每一位布教師都告訴他「諸行無常」。到底什麼是諸行無常呢？

一般人都能理解「無常＝死」。像墜機或列車出軌等意外事故，經常會令人感覺「死＝無常」。與自己心愛的家人分別。會產生斷腸之苦；白髮人送黑髮人時，則會產生椎心之痛。總之，對於死者的感情愈深，

所受到的打擊也就愈强。

那麽，某些布教師所謂「無常＝生」的説法，又是什麽意思呢？

佛教辭典對於「無常」的解釋是：「並非永遠」。至於「諸行無常」，則是指「圍繞在我們身邊的事物，隨時都會發生變化」。

佛教認爲「無常＝變化」。既是變化，那麽死也是變化、生也是變化。包括人類在内，一切具有生命的東西都會不斷地產生變化。有生命的東西必定會毀滅，有形體的東西，其形體必定會遭到破壞。

這個法則没有例外。釋尊用「諸行」來比喻萬物。

所謂「諸行無常」。就是萬物（諸行）會隨著時間消逝而消逝（無常）。嬰兒之所以會成長，就是由於諸行（萬物）無常（消逝）所致。同樣是無常，人卻會爲成長而喜悦，爲老、死而傷悲。

正因爲所有的一切無時無刻不在變化，所以不必在意瞬間所發生的事情，而應正視「諸行無常」所蘊含的眞理。

86 空手還鄉

出國旅行的人，回來時行李通常都會加倍。仔細想想，所買的東西很多根本派不上用場。用買東西的錢再出國玩一趟，不是更好嗎？

這是國人從很早以前就養成的習性。每到一個地方，總要購買當地的土產帶回家做紀念。

回顧歷史，外國的東西確實加速了我國文化的進步。佛教當然也不例外。很多和尚從國外帶回大批佛像和經文。

道元禪師也曾經以留學僧的身分，遠赴中國修行。但是返回日本之際，他卻堅持「空手還鄉」，沒有攜帶任何土產，雙手空空地回國了。

這與道元禪師領悟的內容有關。禪的修行並非爲了成佛而修行，是爲了確認自己原本就具備的「佛性」而修行。換句話說，歸國的土產就是道元禪師自己，根本不需要再帶佛像或經文回來。

確認自己所具備的「佛性」，才是佛道修行的重點。

兒童教育的原點，也就在此。重要的是要引出孩子所具備的「尊貴性（佛性）」，至於成績或名次，則只不過是附加的土產罷了。

土產終歸是土產，不可能成爲生活的基礎。只有自己，才能建立生活的基礎。

87 一針三禮

大家都看過和尚身上的袈裟吧？

對生長在寺廟中的人來說，袈裟是他們自孩提時代就看慣的東西。由於袈裟可以在法衣店等特殊的店裡買到，因此現在很多修行者都不會親手縫製了。而在古代，縫製袈裟時，必須遵守「一針三禮」的原則。

所謂一針三禮，就是每縫一針，必須朝著袈裟禮拜三次。

經我這麼一說，各位一定會感到很驚訝吧？在孩提時代若是不小心跨過袈裟，必定會遭到師父責罵。仔細想想縫製袈裟的過程，就知道會招致責罵也是理所當然的事。

即使是買來的袈裟，師父也會教誨弟子要遵守這種精神。

知道縫製袈裟有所謂「一針三禮」的法則，難免會有人想要試試看。在某次研修會中，就有人向縫製袈裟挑戰。即使是不習慣使用針線的青年僧，一針一針慢慢地縫也應該不是難事。真正難的，是要恪遵「一針三禮」的法則。

開始縫製以後，接下來就是與耐性的作戰了。當縫到一半時，往往會發現其實並不是自己在縫製袈裟，而是利用縫製袈裟來磨練自己。

一邊忙著每天例行的工作一邊縫袈裟，通常要花大約一年的時間才能完成。以我個人爲例，親手縫製的袈裟看起來或許不像職業老手做的那樣一針一線都很平整，但是對我來說，這卻是世界上獨一無二的珍貴袈裟。

88 以心傳心

正如俗諺「百聞不如一見」所言。要用言語來說明一件事物是很困難的。

不只是事物如此，要把自己的心情給他人知道也一樣困難。即使是要對心愛之人做愛的告白，也令人感到苦惱。

有時就算用了百萬言，也未必能讓對方瞭解你真正的意思。反之，有時一個小動作或短短幾句話，就能充分表達出彼此的心意。各位只要看看關係親密的夫妻之間的對話，就能明白「以心傳心」是什麼意思了。

當丈夫「喂」一聲時，妻子立刻就端出

茶來。而當丈夫再「喂」一聲時，又趕緊遞上報紙。換作是別人，根本不知道丈夫的「喂」代表什麼，然而做妻子的卻能準確無誤地讀出丈夫的心思。詢問做妻子的爲什麼會瞭解時，她卻微笑不語。當然，如果沒有深厚的愛意，是絕對無法辦到的。

禪道中師父和弟子的關係，就好像感情濃厚的夫妻一樣，師父只要「喂」一聲，弟子立刻就能明白其心意。

有一天下大雨，本堂漏水了。師父見狀大吼：「快拿東西來接水啊！」弟子們一時之間找不到水桶，全都慌得不知如何是好。這時，一個小和尚抓起身旁的竹簍跑了過來。「竹簍能接水嗎？」師父心裡雖然這麼想，卻還是大大地誇讚了小和尚一番。

所謂「以心傳心」，就是把自己心裡的想法傳達到他人心中。換言之，當師父說「喂」的時候，弟子只要回答「是」就可以了。

無法用言語表現出來的地方（心），在禪的世界裡師父與弟子脈脈相傳。

如果想要培養出如老夫老妻那樣的絕佳默契，就必須每天不斷地努力。一旦忘了精進，便無法到達「以心傳心」的境界。

受

正定

第8章

所謂正定，
即正確的精神統一。
對青年和尚而言，就是坐禪。對一般人而言，則是不單僅浮躁地活著，偶爾也必須向精神統一挑戰。

愛

89 日日好日

所謂「日日好日」，是指「每天都是好的一天」。但事實上，「好日」極爲難得。

一般人都認爲，「好日」是從外面求來的。

得到優等獎章的這一天，當然是好日。而美女突然出現面前，當然更是好日。基於對好日的期盼，每個人都會努力追求夢想。

追求夢想並沒有什麼不好，問題是夢想破滅會使人灰心喪失，那就糟糕了。

既然「好日」不能向外尋求，那麼我們又該從何期待呢？

相信聰明的讀者已經知道答案了。那就是，向自己的內心尋求。

什麼樣的生活態度，才能讓人感覺每一天都是好日呢？

道元禪師的回答是：「威儀即佛法」。威儀指的是形或形式。大意是說，想要得到「好日」，就必須先端正自己的服裝及注意遣詞用句。

接受重視人心教育的人，也許會提出反對意見。但是我想請問各位，所謂「像和尚的打

扮」，看起來應該是什麼樣子呢？

身爲和尚若是披頭散髮，穿著皮衣、牛仔褲，就算你認爲他說的話很有道理，恐怕也不會雙手合掌，向他表示尊崇之意吧？

選擇外側，也就是選擇形式的是自己的心，這點千萬不可忘記。

只要調整外側（服裝、語言）與心，就能看到「好日」，就會瞭解自己的存在乃是拜衆人之賜。這，就是「日日好日」的道理。

90 拈花微笑

釋尊為說法名人。儘管大家都認為這是理所當然之事，卻也衷心感到佩服。釋尊說法的特色，是會觀察對方的內心，用最淺顯易懂的話語來說法。而聆聽說法的人，則會聚集在釋尊周圍。

有一天，釋尊想要說法，於是像平常一樣在高座上坐了下來。弟子們知道釋尊要開始說法了，紛紛豎耳傾聽。不料經過短暫的沈默之後，釋尊卻摘下一朵花在手中拈著，然後回頭看看衆人。

弟子們不解其意，只好保持沈默。突然，釋尊的弟子摩訶迦葉尊者臉上露出微笑。

這時釋尊開口了。

「我有正法眼藏、涅槃妙心、實相無相等微笑妙法門。比不立文字、教外別傳方式附屬摩訶迦葉。」

禪的教誨，格外重視像釋尊和摩訶迦葉尊者這種以心傳心的心靈相交。這個故事在於說

明，釋尊將「禪心」傳給了摩訶葉尊者。

對於傳，佛法的解釋是：「受爲傳、傳爲覺」。弟子從師父那兒接受時，接受力是「傳」。因此，師父的力量與弟子的力量必須相等。

換言之，所謂的傳，就是本人要認識存在於自己的佛性。

在釋尊拈花的同時，摩訶迦葉尊者就已經察覺了釋尊的意圖。由此可知，兩人的力量是相等的。

禪心並不是藉由經典或口頭進行教誨，而是直接傳達心底的東西。

各位必須知道，要將其真正的心情傳達給對方瞭解，是無法藉由言語辦到的。

91 自業自得

當聽到「自業自得」這句話時，一般都會產生不好的印象。

因爲，這句話和「自作自受」是屬於同義詞。不過對照佛教的本來意義，這只是一知半解的瞭解而已。

佛教認爲，不論是好事或壞事，責任全都在於自己。

眼前所得的結果，不論是好、是壞，原因都是由自己種下的。只是，如果得到的是好結果，一般人都會認爲：「因爲我努力，當然會得到好結果。」反之，如果結果不

好，則會想：「不是我不好，是有人扯我後腿。」把責任推到他人身上，完全不認爲是自己的責任。

在釋尊活躍的那個時代，也有很多這樣的人存在。對於這些人，釋尊會舉例向他們說明。

釋尊詢問衆人：「把石頭丟進湖中，然後祈禱石頭能浮上來。各位想想，石頭真能浮上來嗎？」

衆人一致回答：「當然不會浮上來囉！」

「那麼把油倒入湖中，再祈禱油會沈下去，情形又如何呢？」

「當然不會沈下去。」衆人回答。

如果把「自業自受」這句話換成「自作自受」，相信各位就能瞭解了。

自己所作的事情，當然必須由自己來承受。不論結果好壞，都必須勇敢地承受。

因爲，不管是「浮在湖面或沈入湖底」，問題都在於自己本身，絕對不會受到他人的影響。

92 真實人體

「真實人體」一詞出自「盡十方界　真實人體」這句話。

「盡十方界」指的是廣大無邊的宇宙。而「盡十方界　真實人體」這句話的意思，是指宇宙的真實爲人體，宇宙一旦在人體以外，就沒有任何意義了。換句話說，我們在宇宙間呼吸、在宇宙間生存。對於宇宙，我們的前輩稱之爲「天地一杯」。

「吃來自天地一杯的食物
喝來自天地一杯的水
呼吸來自天地一杯的空氣
以來自天地一杯的生命活著
受天地一杯的絕對引力吸引
如天地一杯般地澄淨
天地一杯是我的歸處」

剛開始坐禪時，會湧現腳痛、極度渴睡等等雜念，但是在超越這個階段以後，就會感覺到自己是「活著」的。

此外，也有人感覺像小鳥婉轉鳴叫，也有人覺得像小河潺潺的流水聲。

「這個世界上有三群人。其一是吃東西、說話，生存於現實世界的一群人。其二是肉眼看不到的，但是曾經生存過的祖先一群。其三是即將出生的人類的子孫一群。事實上，世界就是由此而成立的。」某部小說曾經這麼描述道。

當我們「活著」時，我們正在過「活著時有限的生活」。

有過去、也有現在，而現在與未來相連。當我們自覺到這一點時，不就會產生一種「自己現在正活著」的感覺嗎？

讓我們好好地活在天地間吧！

93 衆善奉行 其二

諸惡莫作——任何惡事皆不可作。
衆善奉行——應該力行諸善。
自淨其意——要清淨自己的心。
是諸佛教——這是諸佛的教誨。

這段經文見於「七佛通誡偈」。

道元禪師著有《正法眼藏》一書。該書主要在述説道元禪的真髓，共分七十五卷（七十五章）。其中的第三十一卷，即爲「諸惡莫作」卷。

正如本章開頭所揭示的「七佛通誡偈」，諸惡莫作卷主要在説明「七佛通誡偈」的內容。

道元禪師的解釋是：「不作諸惡、行衆善、淨心，這就是諸佛的教誨。」

各位覺得有何不同呢？

所謂的「不作惡」，並不是迫不得已才不作惡事，而是因爲投入佛道以後，自己就不會作惡，同時還會自然行善。

道元禪的特徵，是只管坐禪。捨棄一切計較，只鼓勵佛道修行。

作惡固然會受責罰，但因爲會受罰等理由而不作惡事的想法是不對的。此外，爲了獲得更大利益而行善的行爲，也是不對的。

道元禪師所謂的衆善奉行，其實就是「應該行衆善」。

能夠達到這種境界的，就是一直坐在那兒坐禪的修行僧。不論是在何處，道元禪師的世界都是非常純粹的。

94 電光影裏

觀禪僧的生平會發現，愈是在緊要關頭，愈能散發生命的光輝。

鎌倉時代圓覺寺的開山始祖無學祖元在中國時，元軍一度攻到他所借住的寺廟來。其他修行僧全部四散奔逃，只有祖元一人仍在那兒坐禪，一點也不感到害怕。當著元軍面前，他泰然自若地說了一句：

「電光影裏　切春風。」

意思是說，當我的身體被切開時，就好像閃電劃破黑暗、利刀切過春風一樣。如此悲壯的話語，使得元軍相顧失色，終於留下

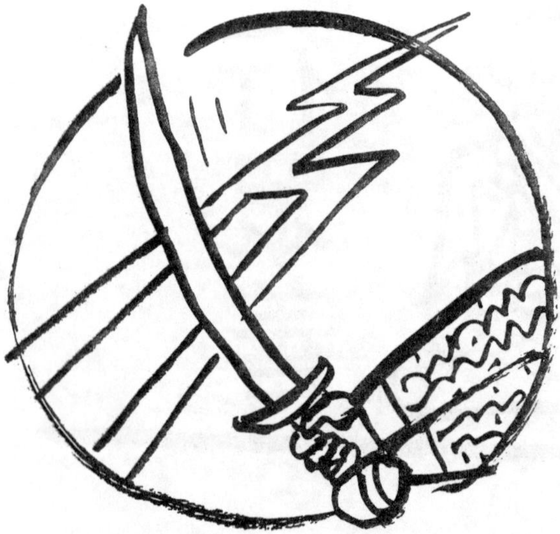

祖元逕自離開了。

禪高僧所散發出的那種壓倒性的存在感，究竟是從何而來的呢？像這樣的境地，要如何才能得到呢？

身爲禪僧，我應該說是「藉由坐禪而來」。問題是，我自己對這個答案並沒有自信。不過在坐禪會的成員當中，有一些長年出現的老面孔，在態度上總是顯得格外平靜。而且，似乎坐禪時間愈長，愈能具備這種平靜的態度。至於究竟有多長的時間呢？我只能說長到連他們自己也記不得了。真要計算的話，也只能以十年、二十年爲單位。

現今可以說是以速食品爲代表，講求簡便、迅速的時代。在這樣的時代裡，必須花十年爲計算單位的偌長時間才能達到，而且不會違背衆人期待的「坐禪」，確實相當珍貴。

凡事不要急急忙忙地開始進行。在進退維谷之際，就能出現認真瞭解自己的成果。

95 滴水滴凍

意思是指水還來不及滴下，就已經在那間結凍了。根據佛教的解釋，就是心中的妄想不要讓它一直留存下來，而必須趕緊解決掉。

人所可能遭遇的苦當中，有一種爲「五陰盛苦」。這是一種由五體，也就是我們的身體，湧出苦來的「苦」。

我們既非聖人君子，更不是能夠超越一切的仙人。看到美女會心動，看到錢也會心動。看到能夠平安度過人生波濤的人，則會心生羨慕。

在我們的一生當中，會不斷地出現憤怒、煩惱、嫉妒等「妄想」。反過來說，正因爲有這些妄想，才證明我們是活著的。

佛教稱人類所生存的世界爲「娑婆」。娑婆是內有煩惱、外有風雨寒暑等痛苦的世界。舉個例子來說，在擁擠的車子裡，有位子可坐的畢竟只是少數，大部分的人都只是站著，隨著車子的晃動推擠他人的身體或踩著他人的腳。當被踩的人叫著「好痛呀！」我們會慌忙道

歉，並且爲自己找藉口：「實在太擠了、没辦法。」但是，當自己的腳被踩時，卻會不顧一切地破口大罵：「這個渾蛋！」

每個人都具有自我本位主義的想法。但仔細想想，人與人之間會出現不和諧的關係，實在是非常可悲的事情。

也許有人會説，只要不坐在擁擠的車上，不就什麼問題都没有了嗎？的確，一旦不活在這個世上，當然没有問題。遺憾的是，我們確確實實地活在這個世上，所以也不得不坐上擁擠的車子。

「滴水滴凍」這句話告訴我們，煩惱本身並不是不好，真正不好的，是讓煩惱一直留存下來。

96 枯木寒巖

古代有位和尚過著如聖者般清苦生活。這位和尚不單道心堅定，而且學識淵博，修行態度也相當正確。

一位老婆婆非常欣賞這位和尚。老婆婆爲了他經常捐錢給寺廟、還供養他每天的飲食，二十年不曾間斷。

有一天，老婆婆覺得「已經可以了」，於是找來一名絶色美女，想要考驗這位和尚的人品。

面對美女的誘惑，和尚表示：「枯木寒巖、三冬無暖氣。」意思是説就和矗立在斷崖絶壁的枯木，在長達三個月的嚴冬裡都不會有暖氣一樣，我的心已經領悟，絶對不會爲誘惑所動。

看來，累積修行的人的確與衆不同。奇怪的是，老婆婆聽完美女的報告後，似乎並不這麼認爲：「我花了二十年的時間，所供養的就是這種俗物嗎？」隨即把和尚趕出了寺廟。而且她並不以此爲滿足，乾脆一把火把寺廟給燒了。

這就是「婆子燒庵」的故事。

所謂「枯木寒巖」，即指沒有一切煩惱的狀態。

如果這個狀態是人生的最終目的，那麼佛教就不必接受人們的皈依了。

那麼，和尚若是接受美女的誘惑，結果是不是就不同了呢？不，和尚若是接受誘惑，一樣會被趕出寺廟。既然如此，和尚究竟應該怎麼做呢？只好請大家自己去找答案了。

青年和尚們都爲此想破了頭。但不知各位有何想法？

97 行住坐臥

「行住坐臥」是指日常的生活起居，可以引申爲日常的生活態度。

「禪心」不能脫離日常生活。同理，「行住坐臥」的禪，必須應用於日常生活中。

「佛教東漸」是大家耳熟能詳的一句話。佛教以印度爲發祥地，其後經中國、朝鮮半島傳到日本。原本是一直往東傳，但因中間隔著廣大的太平洋，所以一般人都認爲日本是終點。佛教和文化的發展一樣，即使隔著廣大的空間，也會對相鄰的地區造成

影響。根據這點，「佛教東漸」的真正意思，應該是指佛教也能傳到歐美等地。

有些外地人把頭髮剃光、披上袈裟、法衣，遠渡重洋來到禪本場修行。這些遠從異國而來的人士，對於坐禪的確非常用心。

可是當分派他們打掃境內時，他們卻會露出不可思議的表情。直接一點的，甚至會大發牢騷，說自己是來學坐禪，不是來幫人打掃的。

事實上，「行住坐卧」這些日常起居，都是禪的修行。並不是只有坐禪時間才是坐禪，其它如吃飯、睡覺、打掃等也是坐禪。

一般人有時並不瞭解這一點，以爲只有在休息的時候，才會做這些事情。

「行住坐卧」所要教導我們的，就是「貫徹之心」。

98 肝腎道心

肝臟是製造血液的工廠，腎臟是淨化血液的工廠，對維持身體健康而言，都是「非常重要」的器官。

佛教修行首重「道心」。僧侶一旦踏出道外，前輩僧就會嚴加叱責：「你没有道心！」此外，僧堂的指導者也會不時耳提面命：「要注意培養道心。」

字典裡對「道心」的解釋是：

①追求佛道，朝向涅槃領悟前進的心。菩提心。

②發揚道心進入佛道者。

能夠被稱爲「僧侶」者，首先必須發揮道心，並且經由出家儀式渡化。但是，參加出家儀式是由於自己强烈的意志發揮作用，抑或宛如父母般的師父的意志發揮作用呢？不同的答案將會使修行態度產生很大的差距。

如果到永平寺修行，只是爲了獲得在寺内安居的資格，那麼這個修行就是痛苦的修行。

道　心

是否真的修行，決定關鍵在於本人。正因爲如此，前輩和指導者才會不斷地强調「道心」這句話。

不只是禪的修行，這個道理用在其它地方也可以互通。父母要孩子或前輩要後輩做某件事時，如果不是出自孩子（後輩）本身的意志，就會形成沈重的心理負擔。

有人認爲僧侶剃光頭看起來很醜，有人認爲僧侶穿的衣服很難看。但是，我相信人在接受出家儀式以後，就必須具備「道心」；有了「道心」，自然也就不會去在意美醜了。

由此可知，要完成一件事情時，想要完成的心（道心）是最重要的。

99 安樂法門

在永平寺修行終了回到自己的寺廟以後，鄉里的人都用羨慕的眼神望著我：「你從永平寺修行回來啦？」甚至還有人追根究柢地問：「修行一定很辛苦吧？」每當聽到別人稱讚我時，我就會捫心自問：是否真的度過一段大家都認爲非常嚴苛的修行期間呢？而所得到的答案，卻令我很難爲情。

道元禪師曾說：「坐禪是安樂的法門」。換言之，坐禪是法門當中，最快樂的修行法。當然，你不能因此而認爲它是「安樂的坐禪」，而在坐禪期間頭腦一片茫然或打盹。

釋尊是爲了追求人生最終的道理而出家，且歷經六年的肉體磨練，過著苦行生活。但在苦行之後卻什麼也沒有得到，於是放棄苦行生活，來到菩提樹下坐禪。誰知僅經過短短的一週，就得到了領悟。釋尊領悟的這一天，即所謂的成道會（十二月八日）。

藉著坐禪獲得心靈的平靜，這就是安樂法門。

其後坐禪經由道元禪師而變得更加純粹化。正如道元禪師所說的：「坐禪並不是獲得領悟的手段，坐禪本身就是一種目的。」

一般人經常會將他人所賦予的工作，視爲得到什麼的手段。例如，工作能夠得到金錢、用功能夠得到好成績等。這種發想，只有在喜歡爭奪勝負的世界，即佛教所說的「修羅」世界才會出現。將他人交付的工作按時完成，不在意他人的看法，或許正是悟道的捷徑。

只有把坐禪當成一種目的，才是真正的「大安樂法門」。

100 只管打坐 其二

「只管打坐」就是指「只要進行坐禪」，是曹洞禪的特色。而在現實生活當中，我們應該如何做呢？

坐禪就是坐禪，什麼也不求。這就好像拼命工作，卻不求報酬一樣。

我們工作的理由，大多是爲了出人頭地，爲了供養家人，也就是「爲了什麼」而作。至於禪，則認爲必須斷絕這一切。

道元禪師曾經前往中國學習佛教、研讀語錄。有一天，一位禪僧問他：

——「爲什麼要讀語錄呢？」——

道元：「爲了學習祖師的足跡。」

——「爲什麼要學習呢？」——

道元：「等回到日本以後好引導衆人啊！」

——「爲什麼要引導衆人呢？」——

道元：「爲了救人。」

——「結果到底是爲了什麼呢？」——

禪僧的追問，令道元無言以對。因爲，道元禪師自己也不知道是「爲了什麼」，只感覺內心十分空虛。

回國後，道元禪師在當時的首都京都弘揚禪的教義。爲了實踐「只是坐禪」，特在今福井縣，當時的越前國創立永平寺。開創初期的永平寺交通不便，而且冬天時十分寒冷。但是相反地，也没有都市的噪音、人際關係的煩擾，是很適合集中修行的環境。

不要只從表像來看「只管打坐」，唯有投入自己的生命，才能領略到道元禪師的真髓。

當我們絞盡腦汁去想「爲什麼去做」時，反而會使行動變得不自由。不如轉換發想，展現盡全力完成被交付的工作、或埋首於學習的行動。

取

結　語

當前國內有各種不同的宗教。生活規範與宗教有關。這點非常重要。然而現代的宗教風潮，卻令人興起怪異之感。宗教被當成一般物品、只重視其所能帶來的利益；有些人甚至認為只要投資在宗教上，就能獲得數倍以上的回收……。

從什麼時候開始，宗教被視為如同商品一般呢？或許是因為國人都變得有錢的緣故吧？看到這種情形，我不禁想起釋尊所說的話：「不知足者雖富猶貧」。我想，現在應該是大聲疾呼「對人類而言重要的不是結果，而是到達結果的過程」的時候了。

透過本書，希望各位也能贊同這個觀點。

全國曹洞宗青年會研修委員長

桂川　道雄

大展出版社有限公司	圖書目錄

地址：台北市北投區11204　　電話：(02) 8236031
致遠一路二段12巷1號　　8236033
郵撥： 0166955～1　　傳眞：(02) 8272069

• 法律專欄連載 • 電腦編號 58

台大法學院　法律學系／策劃
法律服務社／編著

①別讓您的權利睡著了[1]	200元
②別讓您的權利睡著了[2]	200元

• 秘傳占卜系列 • 電腦編號 14

①手相術	淺野八郎著	150元
②人相術	淺野八郎著	150元
③西洋占星術	淺野八郎著	150元
④中國神奇占卜	淺野八郎著	150元
⑤夢判斷	淺野八郎著	150元
⑥前世、來世占卜	淺野八郎著	150元
⑦法國式血型學	淺野八郎著	150元
⑧靈感、符咒學	淺野八郎著	150元
⑨紙牌占卜學	淺野八郎著	150元
⑩ＥＳＰ超能力占卜	淺野八郎著	150元
⑪猶太數的秘術	淺野八郎著	150元
⑫新心理測驗	淺野八郎著	150元

• 趣味心理講座 • 電腦編號 15

①性格測驗１	探索男與女	淺野八郎著	140元
②性格測驗２	透視人心奧秘	淺野八郎著	140元
③性格測驗３	發現陌生的自己	淺野八郎著	140元
④性格測驗４	發現你的真面目	淺野八郎著	140元
⑤性格測驗５	讓你們吃驚	淺野八郎著	140元
⑥性格測驗６	洞穿心理盲點	淺野八郎著	140元
⑦性格測驗７	探索對方心理	淺野八郎著	140元
⑧性格測驗８	由吃認識自己	淺野八郎著	140元
⑨性格測驗９	戀愛知多少	淺野八郎著	140元

⑩性格測驗10	由裝扮瞭解人心	淺野八郎著	140元
⑪性格測驗11	敲開內心玄機	淺野八郎著	140元
⑫性格測驗12	透視你的未來	淺野八郎著	140元
⑬血型與你的一生		淺野八郎著	140元
⑭趣味推理遊戲		淺野八郎著	140元

•婦 幼 天 地• 電腦編號16

①八萬人減肥成果	黃靜香譯	150元
②三分鐘減肥體操	楊鴻儒譯	150元
③窈窕淑女美髮秘訣	柯素娥譯	130元
④使妳更迷人	成　玉譯	130元
⑤女性的更年期	官舒妍編譯	160元
⑥胎內育兒法	李玉瓊編譯	120元
⑦早產兒袋鼠式護理	唐岱蘭譯	200元
⑧初次懷孕與生產	婦幼天地編譯組	180元
⑨初次育兒12個月	婦幼天地編譯組	180元
⑩斷乳食與幼兒食	婦幼天地編譯組	180元
⑪培養幼兒能力與性向	婦幼天地編譯組	180元
⑫培養幼兒創造力的玩具與遊戲	婦幼天地編譯組	180元
⑬幼兒的症狀與疾病	婦幼天地編譯組	180元
⑭腿部苗條健美法	婦幼天地編譯組	150元
⑮女性腰痛別忽視	婦幼天地編譯組	150元
⑯舒展身心體操術	李玉瓊編譯	130元
⑰三分鐘臉部體操	趙薇妮著	120元
⑱生動的笑容表情術	趙薇妮著	120元
⑲心曠神怡減肥法	川津祐介著	130元
⑳內衣使妳更美麗	陳玄茹譯	130元
㉑瑜伽美姿美容	黃靜香編著	150元
㉒高雅女性裝扮學	陳珮玲譯	180元
㉓蠶糞肌膚美顏法	坂梨秀子著	160元
㉔認識妳的身體	李玉瓊譯	160元
㉕產後恢復苗條體態	居理安•芙萊喬著	200元
㉖正確護髮美容法	山崎伊久江著	180元

•青 春 天 地• 電腦編號17

①A血型與星座	柯素娥編譯	120元
②B血型與星座	柯素娥編譯	120元
③O血型與星座	柯素娥編譯	120元
④AB血型與星座	柯素娥編譯	120元

⑤青春期性教室	呂貴嵐編譯	130元
⑥事半功倍讀書法	王毅希編譯	130元
⑦難解數學破題	宋釗宜編譯	130元
⑧速算解題技巧	宋釗宜編譯	130元
⑨小論文寫作秘訣	林顯茂編譯	120元
⑪中學生野外遊戲	熊谷康編著	120元
⑫恐怖極短篇	柯素娥編譯	130元
⑬恐怖夜話	小毛驢編譯	130元
⑭恐怖幽默短篇	小毛驢編譯	120元
⑮黑色幽默短篇	小毛驢編譯	120元
⑯靈異怪談	小毛驢編譯	130元
⑰錯覺遊戲	小毛驢編譯	130元
⑱整人遊戲	小毛驢編譯	120元
⑲有趣的超常識	柯素娥編譯	130元
⑳哦！原來如此	林慶旺編譯	130元
㉑趣味競賽100種	劉名揚編譯	120元
㉒數學謎題入門	宋釗宜編譯	150元
㉓數學謎題解析	宋釗宜編譯	150元
㉔透視男女心理	林慶旺編譯	120元
㉕少女情懷的自白	李桂蘭編譯	120元
㉖由兄弟姊妹看命運	李玉瓊編譯	130元
㉗趣味的科學魔術	林慶旺編譯	150元
㉘趣味的心理實驗室	李燕玲編譯	150元
㉙愛與性心理測驗	小毛驢編譯	130元
㉚刑案推理解謎	小毛驢編譯	130元
㉛偵探常識推理	小毛驢編譯	130元
㉜偵探常識解謎	小毛驢編譯	130元
㉝偵探推理遊戲	小毛驢編譯	130元
㉞趣味的超魔術	廖玉山編著	150元
㉟趣味的珍奇發明	柯素娥編著	150元

•健 康 天 地• 電腦編號 18

①壓力的預防與治療	柯素娥編譯	130元
②超科學氣的魔力	柯素娥編譯	130元
③尿療法治病的神奇	中尾良一著	130元
④鐵證如山的尿療法奇蹟	廖玉山譯	120元
⑤一日斷食健康法	葉慈容編譯	120元
⑥胃部強健法	陳炳崑譯	120元
⑦癌症早期檢查法	廖松濤譯	130元
⑧老人痴呆症防止法	柯素娥編譯	130元

⑨松葉汁健康飲料	陳麗芬編譯	130元
⑩揉肚臍健康法	永井秋夫著	150元
⑪過勞死、猝死的預防	卓秀貞編譯	130元
⑫高血壓治療與飲食	藤山順豐著	150元
⑬老人看護指南	柯素娥編譯	150元
⑭美容外科淺談	楊啟宏著	150元
⑮美容外科新境界	楊啟宏著	150元
⑯鹽是天然的醫生	西英司郎著	140元
⑰年輕十歲不是夢	梁瑞麟譯	200元
⑱茶料理治百病	桑野和民著	180元
⑲綠茶治病寶典	桑野和民著	150元
⑳杜仲茶養顏減肥法	西田博著	150元
㉑蜂膠驚人療效	瀨長良三郎著	150元
㉒蜂膠治百病	瀨長良三郎著	150元
㉓醫藥與生活	鄭炳全著	160元
㉔鈣聖經	落合敏著	180元
㉕大蒜聖經	木下繁太郎著	160元

• 實用女性學講座 • 電腦編號 19

①解讀女性內心世界	島田一男著	150元
②塑造成熟的女性	島田一男著	150元

• 校 園 系 列 • 電腦編號 20

①讀書集中術	多湖輝著	150元
②應考的訣竅	多湖輝著	150元
③輕鬆讀書贏得聯考	多湖輝著	150元
④讀書記憶秘訣	多湖輝著	150元
⑤視力恢復！超速讀術	江錦雲譯	160元

• 實用心理學講座 • 電腦編號 21

①拆穿欺騙伎倆	多湖輝著	140元
②創造好構想	多湖輝著	140元
③面對面心理術	多湖輝著	140元
④偽裝心理術	多湖輝著	140元
⑤透視人性弱點	多湖輝著	140元
⑥自我表現術	多湖輝著	150元
⑦不可思議的人性心理	多湖輝著	150元
⑧催眠術入門	多湖輝著	150元

⑨責罵部屬的藝術	多湖輝著	150元
⑩精神力	多湖輝著	150元
⑪厚黑說服術	多湖輝著	150元
⑫集中力	多湖輝著	150元
⑬構想力	多湖輝著	150元
⑭深層心理術	多湖輝著	160元
⑮深層語言術	多湖輝著	160元
⑯深層說服術	多湖輝著	180元

• 超現實心理講座 • 電腦編號 22

①超意識覺醒法	詹蔚芬編譯	130元
②護摩秘法與人生	劉名揚編譯	130元
③秘法！超級仙術入門	陸　明譯	150元
④給地球人的訊息	柯素娥編著	150元
⑤密教的神通力	劉名揚編著	130元
⑥神秘奇妙的世界	平川陽一著	180元

• 養 生 保 健 • 電腦編號 23

①醫療養生氣功	黃孝寬著	250元
②中國氣功圖譜	余功保著	230元
③少林醫療氣功精粹	井玉蘭著	250元
④龍形實用氣功	吳大才等著	220元
⑤魚戲增視強身氣功	宮　嬰著	220元
⑥嚴新氣功	前新培金著	250元
⑦道家玄牝氣功	張　章著	200元
⑧仙家秘傳袪病功	李遠國著	160元
⑨少林十大健身功	秦慶豐著	180元
⑩中國自控氣功	張明武著	220元

• 社會人智囊 • 電腦編號 24

①糾紛談判術	清水增三著	160元
②創造關鍵術	淺野八郎	150元
③觀人術	淺野八郎	180元

• 精 選 系 列 • 電腦編號 25

①毛澤東與鄧小平	渡邊利夫等著	280元

・心 靈 雅 集・電腦編號00

①禪言佛語看人生	松濤弘道著	180元
②禪密教的奧秘	葉逯謙譯	120元
③觀音大法力	田口日勝著	120元
④觀音法力的大功德	田口日勝著	120元
⑤達摩禪106智慧	劉華亭編譯	150元
⑥有趣的佛教研究	葉逯謙編譯	120元
⑦夢的開運法	蕭京凌譯	130元
⑧禪學智慧	柯素娥編譯	130元
⑨女性佛教入門	許俐萍譯	110元
⑩佛像小百科	心靈雅集編譯組	130元
⑪佛教小百科趣談	心靈雅集編譯組	120元
⑫佛教小百科漫談	心靈雅集編譯組	150元
⑬佛教知識小百科	心靈雅集編譯組	150元
⑭佛學名言智慧	松濤弘道著	220元
⑮釋迦名言智慧	松濤弘道著	180元
⑯活人禪	平田精耕著	120元
⑰坐禪入門	柯素娥編譯	120元
⑱現代禪悟	柯素娥編譯	130元
⑲道元禪師語錄	心靈雅集編譯組	130元
⑳佛學經典指南	心靈雅集編譯組	130元
㉑何謂「生」 阿含經	心靈雅集編譯組	150元
㉒一切皆空 般若心經	心靈雅集編譯組	150元
㉓超越迷惘 法句經	心靈雅集編譯組	130元
㉔開拓宇宙觀 華嚴經	心靈雅集編譯組	130元
㉕真實之道 法華經	心靈雅集編譯組	130元
㉖自由自在 涅槃經	心靈雅集編譯組	130元
㉗沈默的教示 維摩經	心靈雅集編譯組	150元
㉘開通心眼 佛語佛戒	心靈雅集編譯組	130元
㉙揭秘寶庫 密教經典	心靈雅集編譯組	130元
㉚坐禪與養生	廖松濤譯	110元
㉛釋尊十戒	柯素娥編譯	120元
㉜佛法與神通	劉欣如編著	120元
㉝悟（正法眼藏的世界）	柯素娥編譯	120元
㉞只管打坐	劉欣如編譯	120元
㉟喬答摩・佛陀傳	劉欣如編著	120元
㊱唐玄奘留學記	劉欣如編譯	120元
㊲佛教的人生觀	劉欣如編譯	110元
㊳無門關（上卷）	心靈雅集編譯組	150元

㊴無門關（下卷）	心靈雅集編譯組	150元
㊵業的思想	劉欣如編著	130元
㊶佛法難學嗎	劉欣如著	140元
㊷佛法實用嗎	劉欣如著	140元
㊸佛法殊勝嗎	劉欣如著	140元
㊹因果報應法則	李常傳編	140元
㊺佛教醫學的奧秘	劉欣如編著	150元
㊻紅塵絕唱	海　若著	130元
㊼佛教生活風情	洪丕謨、姜玉珍著	220元
㊽行住坐臥有佛法	劉欣如著	160元
㊾起心動念是佛法	劉欣如著	160元

・經 營 管 理・電腦編號 01

◎創新經營六十六大計（精）	蔡弘文編	780元
①如何獲取生意情報	蘇燕謀譯	110元
②經濟常識問答	蘇燕謀譯	130元
③股票致富68秘訣	簡文祥譯	100元
④台灣商戰風雲錄	陳中雄著	120元
⑤推銷大王秘錄	原一平著	100元
⑥新創意・賺大錢	王家成譯	90元
⑦工廠管理新手法	琪　輝著	120元
⑧奇蹟推銷術	蘇燕謀譯	100元
⑨經營參謀	柯順隆譯	120元
⑩美國實業24小時	柯順隆譯	80元
⑪撼動人心的推銷法	原一平著	150元
⑫高竿經營法	蔡弘文編	120元
⑬如何掌握顧客	柯順隆譯	150元
⑭一等一賺錢策略	蔡弘文編	120元
⑯成功經營妙方	鐘文訓著	120元
⑰一流的管理	蔡弘文編	150元
⑱外國人看中韓經濟	劉華亭譯	150元
⑲企業不良幹部群相	琪輝編著	120元
⑳突破商場人際學	林振輝編著	90元
㉑無中生有術	琪輝編著	140元
㉒如何使女人打開錢包	林振輝編著	100元
㉓操縱上司術	邑井操著	90元
㉔小公司經營策略	王嘉誠著	100元
㉕成功的會議技巧	鐘文訓編譯	100元
㉖新時代老闆學	黃柏松編著	100元
㉗如何創造商場智囊團	林振輝編譯	150元

㉘十分鐘推銷術	林振輝編譯	120元
㉙五分鐘育才	黃柏松編譯	100元
㉚成功商場戰術	陸明編譯	100元
㉛商場談話技巧	劉華亭編譯	120元
㉜企業帝王學	鐘文訓譯	90元
㉝自我經濟學	廖松濤編譯	100元
㉞一流的經營	陶田生編著	120元
㉟女性職員管理術	王昭國編譯	120元
㊱ＩＢＭ的人事管理	鐘文訓編譯	150元
㊲現代電腦常識	王昭國編譯	150元
㊳電腦管理的危機	鐘文訓編譯	120元
㊴如何發揮廣告效果	王昭國編譯	150元
㊵最新管理技巧	王昭國編譯	150元
㊶一流推銷術	廖松濤編譯	150元
㊷包裝與促銷技巧	王昭國編譯	130元
㊸企業王國指揮塔	松下幸之助著	120元
㊹企業精鋭兵團	松下幸之助著	120元
㊺企業人事管理	松下幸之助著	100元
㊻華僑經商致富術	廖松濤編譯	130元
㊼豐田式銷售技巧	廖松濤編譯	120元
㊽如何掌握銷售技巧	王昭國編著	130元
㊿洞燭機先的經營	鐘文訓編譯	150元
52新世紀的服務業	鐘文訓編譯	100元
53成功的領導者	廖松濤編譯	120元
54女推銷員成功術	李玉瓊編譯	130元
55ＩＢＭ人才培育術	鐘文訓編譯	100元
56企業人自我突破法	黃琪輝編著	150元
58財富開發術	蔡弘文編著	130元
59成功的店舖設計	鐘文訓編著	150元
61企管回春法	蔡弘文編著	130元
62小企業經營指南	鐘文訓編譯	100元
63商場致勝名言	鐘文訓編譯	150元
64迎接商業新時代	廖松濤編譯	100元
66新手股票投資入門	何朝乾　編	180元
67上揚股與下跌股	何朝乾編譯	180元
68股票速成學	何朝乾編譯	180元
69理財與股票投資策略	黃俊豪編著	180元
70黃金投資策略	黃俊豪編著	180元
71厚黑管理學	廖松濤編譯	180元
72股市致勝格言	呂梅莎編譯	180元
73透視西武集團	林谷燁編譯	150元

⑯巡迴行銷術	陳蒼杰譯	150元
⑰推銷的魔術	王嘉誠譯	120元
⑱60秒指導部屬	周蓮芬編譯	150元
⑲精銳女推銷員特訓	李玉瓊編譯	130元
⑳企劃、提案、報告圖表的技巧	鄭 汶 譯	180元
㉑海外不動產投資	許達守編譯	150元
㉒八百件的世界策略	李玉瓊譯	150元
㉓服務業品質管理	吳宜芬譯	180元
㉔零庫存銷售	黃東謙編譯	150元
㉕三分鐘推銷管理	劉名揚編譯	150元
㉖推銷大王奮鬥史	原一平著	150元
㉗豐田汽車的生產管理	林谷燁編譯	150元

•成功寶庫•電腦編號02

①上班族交際術	江森滋著	100元
②拍馬屁訣竅	廖玉山編譯	110元
④聽話的藝術	歐陽輝編譯	110元
⑨求職轉業成功術	陳 義編著	110元
⑩上班族禮儀	廖玉山編著	120元
⑪接近心理學	李玉瓊編著	100元
⑫創造自信的新人生	廖松濤編著	120元
⑭上班族如何出人頭地	廖松濤編著	100元
⑮神奇瞬間瞑想法	廖松濤編譯	100元
⑯人生成功之鑰	楊意苓編著	150元
⑱潛在心理術	多湖輝 著	100元
⑲給企業人的諍言	鐘文訓編著	120元
⑳企業家自律訓練法	陳 義編譯	100元
㉑上班族妖怪學	廖松濤編著	100元
㉒猶太人縱橫世界的奇蹟	孟佑政編著	110元
㉓訪問推銷術	黃静香編著	130元
㉕你是上班族中強者	嚴思圖編著	100元
㉖向失敗挑戰	黃静香編著	100元
㉙機智應對術	李玉瓊編著	130元
㉚成功頓悟100則	蕭京凌編譯	130元
㉛掌握好運100則	蕭京凌編譯	110元
㉜知性幽默	李玉瓊編譯	130元
㉝熟記對方絕招	黃静香編譯	100元
㉞男性成功秘訣	陳蒼杰編譯	130元
㊱業務員成功秘方	李玉瓊編著	120元
㊲察言觀色的技巧	劉華亭編著	130元

㊳一流領導力	施義彥編譯	120元
㊴一流說服力	李玉瓊編著	130元
㊵30秒鐘推銷術	廖松濤編譯	150元
㊶猶太成功商法	周蓮芬編譯	120元
㊷尖端時代行銷策略	陳蒼杰編著	100元
㊸顧客管理學	廖松濤編著	100元
㊹如何使對方說Yes	程　羲編著	150元
㊺如何提高工作效率	劉華亭編著	150元
㊼上班族口才學	楊鴻儒譯	120元
㊽上班族新鮮人須知	程　羲編著	120元
㊾如何左右逢源	程　羲編著	130元
㊿語言的心理戰	多湖輝著	130元
51扣人心弦演說術	劉名揚編著	120元
53如何增進記憶力、集中力	廖松濤譯	130元
55性惡企業管理學	陳蒼杰譯	130元
56自我啟發200招	楊鴻儒編著	150元
57做個傑出女職員	劉名揚編著	130元
58靈活的集團營運術	楊鴻儒編著	120元
60個案研究活用法	楊鴻儒編著	130元
61企業教育訓練遊戲	楊鴻儒編著	120元
62管理者的智慧	程　義編譯	130元
63做個佼佼管理者	馬筱莉編譯	130元
64智慧型說話技巧	沈永嘉編譯	130元
66活用佛學於經營	松濤弘道著	150元
67活用禪學於企業	柯素娥編譯	130元
68詭辯的智慧	沈永嘉編譯	150元
69幽默詭辯術	廖玉山編譯	150元
70拿破崙智慧箴言	柯素娥編譯	130元
71自我培育・超越	蕭京凌編譯	150元
73深層語言術	多湖輝著	130元
74時間即一切	沈永嘉編譯	130元
75自我脫胎換骨	柯素娥譯	150元
76贏在起跑點—人才培育鐵則	楊鴻儒編譯	150元
77做一枚活棋	李玉瓊編譯	130元
78面試成功戰略	柯素娥編譯	130元
79自我介紹與社交禮儀	柯素娥編譯	150元
80說NO的技巧	廖玉山編譯	130元
81瞬間攻破心防法	廖玉山編譯	120元
82改變一生的名言	李玉瓊編譯	130元
83性格性向創前程	楊鴻儒編譯	130元
84訪問行銷新竅門	廖玉山編譯	150元

國立中央圖書館出版品預行編目資料

四字禪語/曹洞宗青年會著；彤雲編譯
—初版，—臺北市；大展，民84
面，　公分，—(心靈雅集；50)
譯自：四字禪語
ISBN 957-557-527-X(平裝)

1.禪宗

226.6　　84005314

YOJIZENGO
Copyright c Zenkoku Sotoshu Seinenkai
Originally published in Japan in 1989 by IkEDA sYOTEN PUBLISHING CO., LTD
Chinese translation rights arranged through K E I O CULTURAL ENTERPRISE CO., LTD
【版權所有·翻印必究】

四字禪語　　ISBN 957-557-527-X

原 著 者/ 曹洞宗青年會
編 譯 者/ 彤　雲
發 行 人/ 蔡 森 明
出 版 者/ 大展出版社有限公司
社　　址/ 台北市北投區(石牌)
致遠一路2段12巷1號
電　　話/ (02)8236031·8236033
傳　　眞/ (02)8272069
郵政劃撥/ 0166955-1
登 記 證/ 局版臺業字第2171號

法律顧問/ 劉 鈞 男 律師
承 印 者/ 高星企業有限公司
裝　　訂/ 日新裝訂所
排 版 者/ 宏益電腦排版有限公司
電　　話/ (02)5611592
初　　版/ 1995年(民84年)7月

定　　價/ 200元

●本書若有破損缺頁敬請寄回本社更換●